Le droit canon à la portée de tous

Pete Vere
Michael Trueman

Le droit canon à la portée de tous

Les 150 questions les plus fréquemment posées

NOVALIS

Le droit canon à la portée de tous est publié par Novalis.

Titre original : *Surprised by Canon Law: 150 Questions Laypeople Ask about Canon Law*, publié par St. Anthony Messenger Press, 2004.

Traduction : Pierrot Lambert.

Éditique : Christiane Lemire, Pascale Turmel.

Couverture : Pascale Turmel.

Photographie de la couverture : © Digital Vision.

Dépôts légaux : 3e trimestre 2006
Bibliothèque nationale du Canada
Bibliothèque nationale du Québec

Novalis, 4475, rue Frontenac, Montréal (Québec), H2H 2S2
C.P. 990, succursale Delorimier, Montréal (Québec), H2H 2T1

Nous reconnaissons l'aide financière du gouvernement du Canada par l'entremise du Programme d'aide au développement de l'industrie de l'édition (PADIÉ) pour nos activités d'édition.

ISBN 10 : 2-89507-762-2
ISBN 13 : 978-2-89507-762-6

Imprimé au Canada

Catalogage avant publication de Bibliothèque et Archives Canada

Vere, Pete

Le droit canon à la portée de tous

Traduction de : Suprised by Canon law.

ISBN 10 : 2-89507-762-2
ISBN 13 : 978-2-89507-762-6

1. Droit canonique - Miscellanées. 2. Droit canonique - Ouvrages de vulgarisation. I. Trueman, Michael, 1970- . II. Titre.

KBU160.V4714 2006 262.9 C2006-940762-2

NOVALIS

Avant-propos

Michael Trueman et Pete Vere nous offrent en cet ouvrage un instrument opportun et fort utile. Le titre traduit bien l'accueil que devrait réserver à ce petit livre un auditoire catholique général : laïcs, religieux, diacres et prêtres seront sans doute surpris par la simplicité du droit canon.

Depuis des siècles, la plupart des catholiques considèrent le droit canon (ou canonique) comme un aspect mystérieux, ésotérique, de leur religion, une dimension de la vie de l'Église qui apparaît bien éloignée, et surtout inaccessible, aux chrétiennes et aux chrétiens non initiés. Cette distance n'a plus de raison d'être. Ce petit livre démystifie le droit canon. Mais il fait plus : il éclaircit pour le commun des mortels la nature du droit canon, son rôle (dont il précise les limites) et son histoire, comme instrument de salut du peuple chrétien.

Le droit canon n'est donc pas un instrument réservé aux spécialistes. Tous les catholiques devraient y voir une merveilleuse source d'information sur leurs droits et obligations à titre de membres du Corps mystique du Christ. Mieux nous comprendrons ces réalités, plus nous pourrons contribuer efficacement au développement de l'Église. Une bonne compréhension du droit canon favorise l'harmonie et l'unité dans l'Église.

L'Église catholique, comme toute organisation, est régie par un ensemble de lois bien faites et prudentes qui assurent à ses membres stabilité, sécurité et constance. Aucune société ne saurait survivre sans lois. L'Église catholique ne fait pas exception. Le droit canon y joue un rôle essentiel, à l'instar des bandes médianes sur les routes. Imaginez un peu une grande route dépourvue de ces bandes qui balisent les voies de circulation : quel chaos, quel désordre menacerait la vie des automobilistes! Le droit canon agit un peu de cette façon, pour favoriser un fonctionnement harmonieux, juste et efficace de l'Église. Bien sûr, plus il y aura de catholiques qui comprendront le code de la route, mieux cela vaudra pour nous tous.

Saint Paul formule bien le besoin d'ordre et d'harmonie dans le corps humain :

> Aussi bien est-ce en un seul Esprit que nous tous avons été baptisés en un seul corps, Juifs ou Grecs, esclaves ou hommes libres, et tous nous avons été abreuvés d'un seul Esprit. Aussi bien le corps n'est-il pas un seul membre, mais plusieurs. Si le pied disait : « Parce que je ne suis pas la main, je ne suis pas du corps », il n'en serait pas moins du corps pour cela. Et si l'oreille disait : « Parce que je ne suis pas l'œil, je ne suis pas du corps », elle n'en serait pas moins du corps pour cela. Si tout le corps était l'œil, où serait l'ouïe? Si tout

> était oreille, où serait l'odorat? Mais, de fait, Dieu a placé les membres, et chacun d'eux dans le corps, selon qu'il a voulu. Si tout le corps était un seul membre, où serait le corps? Mais, de fait, il y a plusieurs membres, et cependant un seul corps. L'œil ne peut donc dire à la main : « Je n'ai pas besoin de toi », ni la tête à son tour dire aux pieds : « Je n'ai pas besoin de vous. » (1 Co 12, 13-21, trad. *Bible de Jérusalem*, 1998.)

Le droit canon à la portée de tous expose de manière simple et éclairante les voies souvent obscures de l'interdépendance qui relie tous les membres de l'Église, laïcs, religieux, clercs, et les fonctions de régie et d'orientation qu'exerce le droit canon à l'égard de l'Eucharistie, de la célébration des sacrements, de la vie paroissiale, du mariage et des déclarations de nullité, et de toute une gamme de réalités. Certains lecteurs seront surpris d'apprendre que le droit canon répond à bon nombre de questions qui les préoccupent :

> « Pourquoi les non-catholiques ne sont-ils pas autorisés à recevoir la sainte communion à la messe? Est-ce que cette interdiction n'est pas mesquine et de nature à créer des divisions? »
>
> « Est-ce que je peux assister au mariage d'un parent catholique qui épouse une personne non chrétienne? »
>
> « Quand convient-il pour moi de recevoir le sacrement des malades? »
>
> « Est-ce qu'une déclaration de nullité de mariage est tout simplement un "divorce catholique"? »

« Quand est-il réaliste de compter sur une déclaration de nullité de mariage? »

« Si mon mariage est déclaré nul, mes enfants seront-ils illégitimes? »

« Les parents catholiques sont-ils obligés d'envoyer leurs enfants à l'école catholique? »

« Est-ce qu'une personne laïque peut prononcer l'homélie à la messe? »

Voilà certaines des questions que se posent aujourd'hui de nombreux catholiques, et même bien des non-catholiques. Le petit livre pratique que vous tenez entre les mains vous aidera à trouver réponse à ces questions. Il vous fournira, non seulement les réponses, mais aussi leur *justification*.

Patrick Madrid

Patrick Madrid a publié dix ouvrages, dont *Search and Rescue* et *Where Is That in the Bible?* Il est éditeur et l'un des auteurs de la collection *Surprised by Truth*.

Introduction

Depuis le concile Vatican II, nombre de laïcs au sein de l'Église catholique ont commencé à redécouvrir les richesses des sciences sacrées.

Et le droit canon dans tout ça? Aux yeux de bon nombre de catholiques — y compris des pasteurs — cette science sacrée est entourée de mystère. Pourtant, cette discipline est probablement la plus pratique des sciences sacrées, et l'une des plus fascinantes. Le droit canon s'apparente à l'ingénierie, puisqu'il concerne les questions de rouages que la théologie n'évoque qu'en passant. Dans bien des cas, le droit canon détermine l'application de vérités théologiques dans la pratique quotidienne de la foi catholique. Les laïcs catholiques n'ont rien à craindre du droit canon, qui est l'un des nombreux trésors que Dieu nous a donnés pour nous permettre de parvenir à la sainteté.

Nous, auteurs du présent ouvrage, pouvons en témoigner. Nous sommes tous deux des laïcs mariés, pères de famille. L'Église nous a décerné une licence pour la pratique du droit canonique et nous poursuivons depuis des années une carrière au service des fidèles, dans le ministère ecclésial du droit canonique. Nous répondons souvent au pied levé à des questions de jurisprudence canonique provenant de laïcs catholiques. Nous prenons plaisir à ce rôle.

Le présent ouvrage est un recueil des questions les plus courantes — enfin, de 150 de ces questions courantes — que nous avons rencontrées dans notre ministère. Et nous répondons à toutes ces questions! Attention, ce petit livre ne doit pas être considéré comme un commentaire exhaustif du *Code de Droit canonique*. Et il ne vise pas à résoudre des questions controversées qui peuvent diviser les canonistes avertis. Il s'agit plutôt d'un point de départ pour une compréhension de cette toile de fond de la vie de l'Église.

Ce que nous vous proposons, c'est une excursion dans le domaine de cette science sacrée qu'est le droit canon. Vous voudrez peut-être lire simplement une ou deux questions à la fois. Ou encore, vous lirez tout un chapitre un soir, en buvant un verre de brandy, la boisson de fin de soirée que préfèrent la plupart des canonistes.

Quelle que soit votre approche, nous espérons que votre lecture sera à la fois amusante et instructive.

Saint Raymond de Peñafort, patron des canonistes, priez pour nous!

Pete et Michael
Pentecôte
30 *mai* 2004

Chapitre 1

Questions initiales et normes générales

1. Qu'est-ce que le droit canon et en quoi est-ce une réalité importante?

Tout organisme, qu'il soit séculier ou religieux, doit s'appuyer sur des lois et des coutumes pour maintenir l'ordre. Au sein de l'Église catholique, le système juridique interne qui régit les activités quotidiennes s'appelle le droit canon.

Depuis la fin du concile Vatican II, les laïcs catholiques ont pris conscience progressivement de cette science qu'est le droit canon. Que ce soit à cause d'une augmentation des déclarations de nullité de mariage, ou encore des scandales sexuels associés à certains membres du clergé, les références au droit canon sont devenues monnaie courante pour la plupart des laïcs catholiques.

Le mot *canon* vient du grec *kanon*, qui signifie « roseau ». Dans l'antiquité, le roseau symbolisait l'autorité. Le mot *canon* a donc le sens de « règle », ou « règle du droit ».

En latin, originalement, deux mots étaient employés pour désigner la loi — *lex* et *ius*. La *lex* s'entend d'une loi individuelle, particulière. De sa forme plurielle, *leges*, nous tenons l'étymologie des mots *législateur* et *législation*. Le *ius*, par contre, s'entend de tout le système du droit ou du sujet de la loi dans l'abstrait. De *ius* nous tenons l'étymologie de *justice* et *jurisprudence*. Lorsque l'Église parle du *droit canon*, elle réfère à cette notion du *ius*. Ainsi, le *Code de Droit canonique* s'appelle en latin *Codex Iuris Canonici*.

2. Qu'est-ce qu'un canoniste?

Le système juridique interne de l'Église exige des professionnels spécialement formés. Ces juristes spécialisés sont appelés canonistes. Généralement, ce sont des diplômés des facultés pontificales de droit canonique. La plupart des canonistes détiennent un baccalauréat (B.D.C.), une licence (L.D.C.) ou une maîtrise en droit canonique (M.D.C.), ou encore un certificat d'études supérieures en droit canonique (CÉSDC). Certains possèdent un doctorat (D.D.C.) ou même à la fois un doctorat ecclésiastique (D.D.C.) et civil (Ph. D.). Certains canonistes n'ont pas de diplôme en droit canonique et pratiquent en vertu d'une permission ecclésiastique spéciale. Un canoniste peut être aussi bien clerc, religieux ou laïc.

Certains canonistes travaillent dans une chancellerie diocésaine, comme assistants administratifs de l'évêque. Entre autres tâches, un canoniste peut être appelé à préparer des documents en vue d'une dispense pour permettre à une catholique de marier un non-catholique, ou encore rédiger les constitutions d'une nouvelle organisation laïque. Certains canonistes enseignent dans des écoles catholiques, tandis que d'autres, peu nombreux, élargissent l'éventail de leurs fonctions en devenant chroniqueurs dans un périodique catholique.

Mais la plupart des canonistes trouvent un emploi dans le système judiciaire de l'Église — c'est-à-dire dans les tribunaux ecclésiastiques. Leurs fonctions s'apparentent à celles des avocats séculiers. Ils peuvent agir comme avocats d'une des parties, comme juges, comme défenseurs du lien dans les causes de nullité de mariage ou comme promoteurs de la justice. Cette dernière fonction correspond en gros au poste de procureur de l'État ou d'avocat de la Couronne dans le système judiciaire séculier.

3. Pourquoi l'Église dispose-t-elle d'un Code de Droit canonique?

La Bible nous apprend que Dieu a donné des lois à son peuple. Il suffit de penser aux Dix Commandements. La nouvelle alliance scellée dans la personne du Christ a donné naissance à un nouvel ensemble de lois pour la communauté chrétienne. L'Église a par la suite adopté certains aspects du système judiciaire de l'empire romain pour faire appliquer ces lois. L'Église est en fait devenue le principal facteur de stabilité politique de l'Europe pendant le Moyen Âge. La loi permettait à l'Église de maintenir le cap sur sa mission d'évangélisation des nations et lui fournissait un cadre favorisant l'accueil du plan de Dieu.

Le *Code de Droit canonique* assure une présentation ordonnée des lois. Les « canons » forment des dispositions particulières que l'Église interprète et applique à des situations données. L'Église catholique s'est dotée de recueils de lois pendant des siècles, mais le *Code de Droit canonique* n'a été créé qu'en 1917. Il a été révisé en 1983. Il subira sans doute de nouvelles révisions à l'avenir, en fonction des nouvelles difficultés que l'Église aura à résoudre. Les Églises catholiques orientales ont leur propre code de droit canonique, qui a été publié en 1990.

Il n'est pas nécessaire que l'Église dispose d'un **Code** *de Droit canonique.* Mais elle a opté pour le recours à une telle structure. Le droit canon concerne les affaires journalières de l'Église.

4. Est-ce que le Code de Droit canonique contient toutes les lois de l'Église?

Il y a différents types de lois dans l'Église. La loi la plus importante est la loi divine. C'est la loi qui a été révélée dans les Écritures. Par exemple, le huitième commandement interdit les faux témoignages.

Les lois ecclésiastiques forment un autre type de lois. Ce sont les lois établies par le pape et les évêques. Les lois ecclésiastiques se répartissent en plusieurs catégories : les lois liturgiques (qui régissent les rituels), les lois sacramentelles (qui concernent la manière de célébrer les sacrements), les lois œcuméniques (portant sur les relations avec d'autres confessions chrétiennes), et ainsi de suite.

Le *Code de Droit canonique* ne peut contenir toutes les lois de l'Église. Comme l'explique le canon 2 : « D'une manière générale, le Code ne fixe pas les rites qui doivent être observés dans les célébrations liturgiques. » Chaque diocèse, chaque congrégation religieuse possède également ses propres lois, qui ne sont pas incluses dans le Code.

Le *Code de Droit canonique* ne contient donc pas toutes les lois de l'Église, mais il constitue certes un bon point de départ. Le Code est divisé en sept livres :

Le Livre I, *Normes générales*, donne les règles fondamentales du système juridique de l'Église.

Le Livre II, *Le peuple de Dieu*, considère la composition de l'Église.

Le Livre III, *La fonction d'enseignement de l'Église*, nous montre comment nous proclamons l'Évangile du Christ par l'enseignement.

Le Livre IV, *La fonction de sanctification de l'Église*, a trait à notre sanctification par le Christ dans les sacrements.

Le Livre V, *Les biens temporels*, nous oriente quant à l'usage des biens terrestres.

Le Livre VI, *Les sanctions dans l'Église*, décrit les réactions de l'Église aux comportements dévoyés.

Le Livre VII, *Les Procès*, explique les recours légaux au sein de l'Église.

5. Est-ce que le Code de Droit canonique s'applique à tous les catholiques? Est-ce qu'il concerne de quelque façon les non-catholiques?

Le *Code de Droit canonique*, ou *Codex iuris canonici* en latin, a été établi à l'intention des catholiques latins (l'Église catholique romaine). Il s'applique à tous les catholiques latins.

Il y a beaucoup de catholiques dans le monde qui ne sont pas des catholiques latins. L'Église catholique latine s'est développée à Rome, en Europe et dans les Amériques. L'Église catholique est présente également en Europe de l'Est, au Moyen Orient, en Afrique, et dans d'autres parties du monde où les Églises locales s'appellent communément Églises catholiques orientales. Elles forment vingt et une Églises, aussi uniques que l'Église catholique latine. Ces vingt et une Églises orientales ont reçu leur propre code juridique en 1990. Le *Code de Droit canonique* de l'Église latine ne s'applique pas aux Églises orientales.

Le *Code de Droit canonique* peut s'appliquer, dans certaines circonstances, à des non-catholiques. Chaque fois que la loi divine est invoquée dans le *Code de Droit canonique*, les non-catholiques sont tenus de la respecter. Par exemple, si une protestante divorcée veut épouser un catholique, elle doit obtenir de l'Église catholique une déclaration de nullité de son premier mariage (voir question 148).

Le *Code de Droit canonique* accorde également certains privilèges à des non-catholiques. Par exemple, l'alinéa 3 du canon 1183 autorise la célébration des funérailles ecclésiastiques à des baptisés appartenant à une Église ou une communauté ecclésiale non catholique, à condition que leur propre ministre ne puisse pas être disponible.

6. Qu'est-ce que les normes générales?

Comme nous l'avons mentionné plus haut, le *Code de Droit canonique* se divise en sept livres. *Les Normes générales*, qui constituent le premier livre, contiennent les principes généraux qui guident les canonistes dans l'interprétation du *Code*. À proprement parler, les normes générales sont les règles générales et les principes de droit invoqués par les canonistes dans l'interprétation des divers textes juridiques promulgués par l'Église.

Le canon 9 constitue un excellent exemple d'une norme générale. Il établit que « les lois concernent l'avenir, non le passé, à moins qu'elles ne disposent nommément pour le passé ». À titre de principe général, cet énoncé signifie que les lois ne devraient jamais avoir des effets rétroactifs et qu'il serait injuste d'assujettir quelqu'un à une loi non encore promulguée. S'il arrivait que l'intérêt de l'Église exige une telle rétroactivité, la loi devrait elle-même préciser son application sur le passé.

En un sens plus large, les *Normes générales* contiennent un certain nombre de définitions fondamentales de termes canoniques. Ces termes se retrouvent dans l'ensemble du *Code* et dans divers autres textes légaux. Les canonistes ont recours à ces définitions pour discerner avec clarté la signification de certains canons. Le canon 23, par exemple, définit une *coutume* comme une pratique « introduite par une communauté de fidèles » (voir la question 10, qui donne d'autres précisions sur les coutumes).

7. Quelle distinction établit le droit canon entre les mots « valide » et « licite »?

La validité concerne la substance de l'acte, tandis que le terme *licite* traduit sa légalité. Par exemple, en 1988, Mgr Lefebvre a consacré quatre évêques sans en avoir obtenu le mandat du pape Jean-Paul II. Il s'agissait là d'un acte valide, puisque Mgr Lefebvre, à titre d'évêque consacré validement, avait le pouvoir de consacrer d'autres évêques. Mais, outre qu'il transgressait l'interdiction canonique de consacrer un évêque sans la permission du Saint Père, il enfreignait l'ordre formel du Saint-Siège lui défendant de procéder à ces consécrations. Par conséquent, l'Église a excommunié Mgr Lefebvre et les quatre évêques qu'il avait consacrés de manière illicite.

Les évêques consacrés par Mgr Lefebvre pour sa Fraternité sacerdotale Saint Pie X sont néanmoins de véritables évêques. Ils ont le pouvoir d'administrer les sacrements comme tout autre évêque catholique. L'Église ne reconfirme pas l'ordination d'une personne qui quitte l'organisation schismatique de Mgr Lefebvre pour revenir en son sein. L'Église reconnaît également le sacerdoce de tout prêtre de la Fraternité sacerdotale Saint Pie X qui approche le Saint-Siège pour demander à se réconcilier avec l'Église catholique.

La situation est différente pour un laïc ou un clerc anglican ou épiscopalien qui demande à être admis dans l'Église catholique. L'Église catholique ne reconnaît pas la validité des ordres anglicans — elle estime qu'il n'y a pas eu transmission non interrompue des saints ordres depuis l'époque apostolique. Elle demande donc à un anglican ou à un épiscopalien qui veulent être admis à la pleine communion avec elle de répéter leur confirmation. Un homme ayant reçu les ordres au sein de l'Église anglicane doit être ordonné de nouveau pour devenir prêtre catholique.

8. Comment savoir si un canon particulier a trait à la légalité ou à la validité?

Les canons 10 et 39 précisent les circonstances où une disposition d'un canon particulier affecte la validité d'une action. Le canon 10 statue que « seules doivent être considérées comme irritantes ou inhabilitantes les lois qui spécifient expressément qu'un acte est nul ou une personne inhabile ». Autrement dit, un canon particulier doit spécifier que, « pour la validité », une certaine condition doit être remplie pour qu'un acte se produise ou qu'une personne soit « inhabile » à accomplir une action donnée. Il y a des exceptions.

Le premier alinéa du canon 900 offre un excellent exemple du déploiement de ce principe canonique : « Seul le prêtre validement ordonné est le ministre qui, en la personne du Christ, peut réaliser le sacrement de l'Eucharistie. » Selon les dispositions du canon 10, si une personne non validement ordonnée prononce les paroles de la consécration, la transsubstantiation ne se produit pas. Le pain et le vin demeurent du pain et du vin.

Lorsqu'il s'agit d'une action de nature administrative, le canon 39 établit des critères supplémentaires pour discerner ce qui a trait à la validité et ce qui ne concerne que la simple légalité : « Dans un acte administratif, ne sont considérées comme apposées pour la validité que les conditions introduites par les conjonctions : *si, nisi, dummodo*. » Mais qu'est-ce qui constitue un acte administratif? Exemple : une dispense permettant à deux personnes, dont l'une a été baptisée dans l'Église catholique et l'autre n'a pas été baptisée, de se marier. Pour être valide, une telle dispense doit être approuvée par l'ordinaire local ou son délégué (voir canon 1086).

9. Les canonistes doivent-ils toujours faire preuve de rigueur dans l'interprétation du droit canon?

Un ancien principe du droit romain veut que l'on amplifie les faveurs et restreigne les fardeaux. Une loi octroyant une faveur à un groupe ou à une personne doit donc être interprétée comme s'appliquant au plus grand nombre de situations possible. Par ailleurs, une loi qui restreint les droits d'un groupe ou d'une personne, ou qui impose un fardeau d'une autre façon, doit être interprétée de manière stricte.

Le canon 18 du *Code de Droit canonique* actuel traduit ce principe : « Les lois qui établissent une peine ou qui restreignent le libre exercice des droits ou qui comportent une exception à la loi sont d'interprétation stricte. » Pour les canonistes, une interprétation stricte s'entend d'une interprétation qui restreint l'application aux seuls cas nécessaires. Cette interprétation restrictive concerne trois types de situations : 1) celles qui entraînent l'imposition de pénalités pour infraction au droit canon, 2) celles qui mettent en jeu une restriction des droits personnels et 3) celles qui font intervenir une exception au droit canonique.

Par exemple, le canon 1398 impose une peine d'excommunication automatique à une personne catholique qui provoque un avortement. Par contre, le canon 1323 établit que « n'est punissable d'aucune peine la personne qui, lorsqu'elle a violé une loi ou un précepte [...] n'avait pas encore seize ans accomplis ». Comme l'excommunication est une pénalité dont l'application appelle une interprétation restrictive, une adolescente de quinze ans qui se voit forcée de se faire avorter ne tombe pas sous le coup de l'excommunication automatique prévue au canon 1398. Néanmoins, l'acte d'interrompre la vie de l'enfant qu'elle porte dans son sein demeure objectivement un péché.

10. Qu'est-ce qu'une coutume en droit canonique?

Une coutume est une pratique instituée au sein d'une communauté de fidèles. Elle se distingue d'une loi, qui est imposée d'en haut par le Pontife romain ou l'évêque diocésain. La communauté doit être « capable d'accueillir une loi », ce qui signifie que le Saint Père ou l'évêque diocésain pourrait lui imposer au besoin une loi semblable à la coutume. Comme exemple d'une coutume, mentionnons l'habitude prise par les fidèles de se tenir la main pendant la récitation du Notre Père, au cours de la messe.

Le canon 24 précise qu'une coutume doit être raisonnable. Une coutume qui diviserait la communauté ne serait pas raisonnable. De même, une coutume ne saurait être contraire à la loi de Dieu. L'Église ne tolérerait jamais une coutume autorisant l'adultère, l'avortement, le culte des faux dieux ou toute autre pratique contraire à la loi divine ou à la loi naturelle.

« La coutume est la meilleure interprète des lois », souligne le canon 27. Si une coutume se maintient sans interruption pendant trente ans, ou si le législateur compétent (c'est-à-dire le Saint Père ou l'évêque diocésain) l'approuve, alors elle obtient force de loi au sein de la communauté.

Chapitre 2

Les droits et obligations des fidèles du Christ

11. Qui compose l'Église, et comment percevons-nous l'Église catholique par rapport à d'autres confessions chrétiennes?

Le droit canon émet parfois des énoncés théologiques. Le canon 204, par exemple, établit (1er alinéa) que « les fidèles du Christ sont ceux qui, en tant qu'incorporés au Christ par le baptême, sont constitués en peuple de Dieu ». Le baptême est le sacrement qui fait de nous des chrétiens.

L'Église du Christ est formée de *tous* les baptisés du monde entier. Cependant, nous, catholiques, professons que l'Église du Christ trouve sa pleine expression dans l'Église catholique (canon 204, alinéa 2). Cette pleine expression subsiste dans la communion non rompue qui unit les évêques catholiques au successeur de Pierre, le pape, qui est le chef de l'Église (canon 336).

Les chrétiens ne sont pas fiers de voir l'Église du Christ divisée. Comment accepter que se soit évanouie la vision du Christ : « qu'ils soient parfaits dans l'unité » (*Jean* 17, 23)? Les catholiques doivent œuvrer à la restauration de l'unité perdue. Une obligation spéciale incombe aux évêques à cet égard (canon 383, alinéa 3). Mais tous les catholiques, sous la direction des évêques, doivent pratiquer l'œcuménisme.

Les fidèles du Christ dans les autres Églises et confessions chrétiennes sont témoins de l'œuvre de la grâce. Sans pouvoir ignorer l'hérésie ni les erreurs théologiques, nous, les catholiques, pouvons chercher à comprendre et à souligner les aspects de la foi qui nous unissent à nos frères et sœurs. Et le point de départ de cette foi commune, c'est le baptême.

12. Que signifie « vivre en communion », par rapport aux Églises catholiques orientales, à l'Église orthodoxe et aux confessions protestantes?

Vivre en communion signifie « appartenir à la famille catholique ». Le droit canon précise les conditions d'une telle communion :

- le baptême (canon 204)
- la profession de foi (canon 205)
- la célébration des sacrements (canon 205)
- la reconnaissance du gouvernement ecclésiastique (canon 205)

La profession de foi trouve sa meilleure expression dans le Credo de Nicée ou dans le Symbole des Apôtres, que nous récitons à la messe. Pour vivre en communion, il est essentiel de reconnaître les sept sacrements, et particulièrement la présence réelle du Christ dans l'Eucharistie.

La reconnaissance du gouvernement ecclésiastique ou de l'autorité du collège des évêques et de la primauté de Pierre représenté par la personne du pape, constitue le dernier volet de la communion avec l'Église.

Nous connaissons donc différents degrés de communion avec les autres chrétiens. C'est au sein de l'Église catholique, bien sûr, que s'exprime le mieux une communion intégrale. Une pleine communion se déploie également entre les catholiques latins et les catholiques orientaux.

Avec l'Église orthodoxe nous partageons le baptême, la profession de foi et les sacrements. L'Église orthodoxe ne reconnaît pas le ministère du pape de la façon dont il est compris dans l'Église catholique.

Avec les confessions protestantes, nous partageons le baptême et peut-être la profession de foi. Très peu d'entre elles acceptent et célèbrent sept sacrements. Les confessions protestantes ne reconnaissent aucun rôle du pape dans leur structure ecclésiale.

Une personne d'allégeance orthodoxe ou protestante peut entrer en communion avec la famille catholique. Par ailleurs, si une personne catholique en vient à rejeter la profession de foi, la validité des sacrements ou le mandat reçu du Christ par les évêques qui gouvernent l'Église, elle rompt sa communion avec l'Église.

13. Que faut-il pour devenir catholique?

L'expression latine *Semel catholicus, semper catholicus* signifie « catholique un jour, catholique toujours ». Pour devenir catholique, il faut être baptisé ou faire une profession de foi publique dans l'Église catholique. Il est important, en regard du droit, de déterminer qui est catholique et qui ne l'est pas, puisque le droit canonique n'accorde pas de droit et n'impose pas d'obligation, ordinairement, à des non-catholiques (voir les exceptions mentionnées aux questions 5 et 148).

Le droit soutient clairement la pratique du baptême des petits enfants. « Les parents sont tenus par l'obligation de faire baptiser leurs enfants dans les premières semaines; ils iront trouver leur curé au plus tôt après la naissance et même avant, afin de demander le sacrement pour leur enfant et d'y être dûment préparés » (canon 867, alinéa 1). Les petits enfants baptisés sont catholiques pour le reste de leur vie. Si un catholique baptisé renie Dieu ou embrasse une autre foi religieuse, il demeure catholique, même s'il n'est plus en pleine communion avec l'Église.

Si un non-catholique baptisé (par exemple, un protestant) désire devenir catholique, l'Église catholique reconnaît habituellement le baptême qu'il a déjà reçu et n'exige de lui qu'une profession de foi publique. Il doit auparavant suivre un cours de catéchèse, habituellement associé au *Rituel de l'initiation chrétienne des adultes* (RICA). Il reçoit ensuite les sacrements de la confirmation et de la sainte communion. Si cette personne a un enfant baptisé de plus de sept ans qui souhaite lui aussi devenir catholique, l'enfant est tenu de faire une profession de foi publique avec son ou ses parents. Ces personnes deviennent elles aussi catholiques pour la vie.

14. Je suis orthodoxe ukrainien. Ma femme appartient à l'Église catholique romaine et je voudrais appartenir à la même Église. Qu'est-ce que je dois faire?

Premièrement, vous devez faire une profession de foi. Puis vous devez présenter une demande de transfert dans l'Église catholique. La profession de foi reconnaît le ministère exercé par le pape, en union avec les évêques catholiques du monde entier. Quand une personne fait cette profession de foi, elle devient membre de l'Église catholique orientale la plus proche pour elle. Dans votre cas, vous deviendriez catholique ukrainien.

Pour devenir catholique romain, ensuite, vous devez demander un transfert. Pour cela, vous pouvez écrire au Vatican. Mais la façon de procéder la plus simple est de demander à votre évêque catholique ukrainien de vous libérer de vos liens avec l'Église catholique ukrainienne. Vous devez également être accepté par un évêque catholique romain. De fait, la permission de quitter une Église catholique orientale ne sera accordée qu'une fois les dispositions prises pour l'admission dans l'Église catholique romaine.

Il n'est pas facile d'obtenir la permission d'être transféré d'une Église catholique orientale vers l'Église catholique romaine : il faut avoir une bonne raison. Dans un cas comme le vôtre, puisque vous êtes orthodoxe ukrainien et que vous avez épousé une catholique, une telle permission est accordée habituellement pour favoriser l'unité au sein de la famille.

15. EST-CE QUE J'AI LE DROIT D'EXPRIMER À MON CURÉ OU À MON ÉVÊQUE LES BESOINS DE MA PAROISSE OU DE MON DIOCÈSE?

Bien sûr. Le droit canon dit clairement que les baptisés « selon le savoir, la compétence et le prestige dont ils jouissent [...] ont le droit [...] de donner aux Pasteurs sacrés leur opinion sur ce qui touche le bien de l'Église » (canon 212, alinéa 3). De fait, tout catholique a même l'obligation d'émettre ainsi son opinion.

Ces exigences doivent être prises au sérieux, puisque l'Église non seulement témoigne de la réalité spirituelle de notre vie, mais elle existe et elle déploie ses tâches pastorales au sein du monde et doit donc composer quotidiennement avec toutes sortes de réalités terrestres. Nous devons faire part à nos pasteurs de nos constatations et de nos idées sur la façon dont l'Église pourrait mieux assumer ses fonctions. Nous avons besoin du bon jugement les uns des autres. Par ailleurs, le droit canon oblige les pasteurs de l'Église à consulter les laïcs concernant bon nombre de décisions importantes.

Ce droit, qui est aussi un devoir, ne doit pas donner lieu à des remises en question continuelles. Il faut rester prudents. Le canon dit bien : « selon le savoir, la compétence et le prestige... » Et le même canon se termine en rappelant une condition : « restant sauves l'intégrité de la foi et des mœurs et la révérence due aux pasteurs, et en tenant compte de l'utilité commune et de la dignité des personnes ».

16. La réception des sacrements est-elle un droit pour les catholiques?

Les sacrements constituent des moyens de sanctification des fidèles, des moyens de participation à la vie intime du Christ. Le *Catéchisme de l'Église catholique* exprime de manière éloquente cette action : les sacrements « donnent naissance et croissance, guérison et mission à la vie de foi des chrétiens » (CEC, 1210).

Le droit canon garantit l'accès du peuple de Dieu aux sacrements. « Les fidèles ont le droit de recevoir de la part des Pasteurs sacrés l'aide provenant des biens spirituels de l'Église, surtout de la parole de Dieu et des sacrements » (canon 213). Plus loin, le *Code* insiste encore sur ce droit. « Les ministres sacrés ne peuvent pas refuser les sacrements aux personnes qui les leur demandent opportunément, sont dûment disposées et ne sont pas empêchées par le droit de les recevoir » (canon 843, alinéa 1).

L'accès aux sacrements, souligne le canon, ne saurait être absolu : les fidèles doivent être « dûment disposés » pour les recevoir. Par exemple, un couple de fiancés qui ne comprennent pas bien ce qu'est le mariage se verront forcés d'attendre pour se marier jusqu'à ce qu'ils aient compris le sérieux de leur vocation.

Par ailleurs, une paroisse n'est tenue d'administrer les sacrements qu'aux fidèles qui en font partie. Un prêtre, par exemple, peut accepter de bénir le mariage d'un couple qui n'est pas de la paroisse, mais il n'est pas obligé de le faire.

17. Qu'est-ce que le « droit d'association » pour les catholiques, et quelle en est la portée?

La nature humaine nous porte à créer des liens avec des personnes qui ont des affinités avec nous, pour promouvoir les valeurs ou les activités qui nous sont chères. De tels liens forment des associations.

Le droit canon encourage et protège le droit d'établir des associations et d'en être membres. Le canon 215 appuie et explique ce droit. « Les fidèles ont la liberté de fonder et de diriger librement des associations ayant pour but la charité ou la piété, ou encore destinées à promouvoir la vocation chrétienne dans le monde, ainsi que de se réunir afin de poursuivre ensemble ces mêmes fins. » Cette affirmation a une grande portée en certaines régions du monde. L'Évangile du Christ doit être proclamé, et les baptisés jouissent d'un droit sacré d'accomplir leur vocation dans le monde.

La loi détaille trois raisons fondamentales d'établir des associations : les œuvres de charité, la promotion de la piété et la réalisation de la vocation chrétienne. Le droit d'association doit favoriser une concertation dynamique des laïcs et des clercs en vue de la proclamation de l'Évangile.

Le droit canon va plus loin. Le canon 298 explique que les catholiques peuvent établir *dans l'Église* des associations distinctes des congrégations religieuses. Ces associations peuvent être reconnues officiellement et se voir attribuer un statut légal pour la promotion de l'enseignement chrétien, du culte public, de l'évangélisation, des œuvres de piété et de charité, et la diffusion de la foi chrétienne au sein du monde profane. Cependant, si une association, dans l'Église, veut dispenser un enseignement chrétien au nom de l'Église, encourager le culte public ou accomplir des œuvres propres au ministère de l'Église (par exemple, pourvoir à des missions paroissiales), elle doit obtenir pour ce faire un mandat d'un détenteur de l'autorité dans l'Église, par exemple un évêque.

18. Quelles relations une association catholique entretient-elle avec l'ensemble de l'Église?

À travers le monde, ce sont les évêques qui dirigent l'Église catholique. Unis au pape, les évêques assument la mission du Christ avec l'aide des prêtres, des diacres et des laïcs. Tous les fidèles doivent déployer des efforts concertés pour favoriser l'épanouissement de l'Église.

Les associations catholiques, qu'elles soient vaguement ou étroitement liées au ministère de l'Église, doivent soutenir les évêques dans la promotion du message de salut chrétien. Comme nous l'avons vu à la question 17, les catholiques ont le droit de s'associer, mais ces associations sont créées pour promouvoir l'œuvre de l'Église.

Les associations catholiques sont de deux types : privées et publiques. La différence tient à la propriété des biens : les biens d'une association privée appartiennent aux personnes qui en sont membres, tandis que les biens d'une association publique sont à la disposition immédiate de l'Église. La Fondation Saint-Joseph est un exemple d'association privée. L'Église a reconnu récemment des associations publiques en approuvant des mouvements tels que les Cursillos ou le Renouveau charismatique. Une autorité ecclésiale compétente, un évêque diocésain par exemple, approuve l'établissement des deux types d'associations. Ces groupes sont toujours issus d'un effort pour mieux exprimer la vie chrétienne, déployé à la base, chez les fidèles.

L'Église reconnaît officiellement les associations, à cause de la valeur durable de leur travail à la lumière de l'Évangile. Les associations peuvent se voir octroyer une personnalité légale et jouir en conséquence de certains droits en vertu du droit canon, mais elles ont aussi des obligations envers l'Église. Le droit canon accorde une autonomie plus grande et impose des attentes plus réduites aux associations privées qu'aux associations publiques.

19. Que dit la loi de l'Église à propos de la protection de la réputation d'autrui?

Le canon 220 exprime une consigne claire : « Il n'est permis à personne de porter atteinte d'une manière illégitime à la bonne réputation d'autrui, ni de violer le droit de quiconque à préserver son intimité. »

Toute personne a le droit de jouir d'une bonne réputation. Il s'agit là d'une loi naturelle, inscrite dans la conscience humaine. Les gens de bonne volonté se gardent de porter atteinte à la réputation d'autrui. Pensons simplement à l'enseignement du Christ à ce sujet (*Luc* 6, 41-42).

Or certaines situations exigent que des réprimandes publiques soient infligées, même si cela doit entacher la réputation des personnes en cause. Si, par exemple, un groupe de paroissiens rejettent un point d'enseignement de l'Église, il serait inapproprié que le curé, lorsqu'il prend connaissance d'une telle erreur, s'attaque publiquement à la réputation du groupe. Le curé doit chercher à comprendre la position du groupe et lui donner l'occasion de corriger cette position. Mais si ces paroissiens persistent dans leur rejet de la vérité et leur promotion de l'erreur après avoir été avertis, il incombe au curé de dénoncer publiquement leur entêtement, par exemple dans une lettre à l'ensemble des paroissiens.

L'Église peut également attaquer la réputation d'une personne en la soumettant à une poursuite pénale. Par exemple, un prêtre ayant commis des abus sexuels à l'égard d'un mineur peut se voir déchu de l'état clérical. Sa réputation sera flétrie, certes. Mais aucun membre de l'Église ne doit porter atteinte à la réputation de ce prêtre tant qu'un verdict n'a pas été rendu à l'issue d'un procès.

20. Quelles obligations de soutien de l'Église incombent aux fidèles?

Le Christ a promis qu'il n'abandonnerait jamais l'Église. L'Église a cependant besoin du soutien des fidèles pour son existence temporelle et l'accomplissement de sa mission dans le monde. Le canon 222 établit que les fidèles sont tenus de subvenir aux besoins de l'Église « afin qu'elle dispose de ce qui est nécessaire au culte divin, aux œuvres d'apostolat et de charité ». La deuxième partie de ce canon appelle à la promotion de la justice sociale afin « de secourir les pauvres » et à une digne contribution à l'honnête subsistance des ministres qui accomplissent un travail d'Église.

Les fidèles doivent pouvoir se réunir dans des églises qui favorisent la piété, pour y célébrer la divine liturgie (la messe). Quand l'évêque prend l'initiative de construire une nouvelle église, son projet doit recevoir l'appui financier voulu. Des artisans, des architectes, des entrepreneurs, des conseillers financiers, des nettoyeurs, bref des gens de tous métiers et professions concourent par leurs talents à la réalisation du nouveau temple.

Les œuvres de bienfaisance diocésaines et papales requièrent un soutien énorme des laïcs, soutien qui revêt des formes multiples. Le Christ nous offre le modèle d'une option préférentielle pour les pauvres. Les catholiques devraient incarner dans leur vie cet amour des démunis, notamment en partageant avec eux leurs ressources matérielles.

21. En tant que laïc, ai-je le droit d'être un ministre extraordinaire de la communion?

Les laïcs ne jouissent pas d'un « droit strict » à être des ministres extraordinaires de la sainte communion. Ceux à qui ce droit est accordé peuvent se voir imposer des restrictions quant aux circonstances où ils peuvent l'exercer. Voici quelques explications.

Les ministres extraordinaires de la sainte communion ont été créés en réponse à un besoin. Quand un nombre considérable de catholiques participent à la messe, on fait appel à des laïcs pour distribuer la sainte communion. Des laïcs peuvent se voir attribuer de manière stable et permanente ce rôle sacré (canon 230, alinéa 3).

Pourquoi dit-on : ministres *extraordinaires*? Les ministres *ordinaires* de la sainte communion sont les évêques, les prêtres et les diacres. En 1987, on a demandé au Vatican de clarifier la fonction des ministres extraordinaires de la sainte communion. Le Vatican a répondu que si des ministres ordinaires sont présents dans l'église pendant la messe, même s'ils ne prennent pas part officiellement à la célébration, ils doivent distribuer la sainte communion. Les services d'un ministre extraordinaire peuvent donc ne pas être requis au cours d'une célébration particulière.

Une autre remarque : cela n'est pas mentionné explicitement dans le *Code*, mais si une personne s'écarte par sa conduite de l'enseignement moral chrétien, il n'est pas approprié que cette personne soit nommée ministre extraordinaire ou, si elle l'est déjà, qu'elle continue à exercer cette fonction sacrée.

22. Les droits des fidèles sont-ils absolus? Le Code de Droit canonique soumet-il les droits des fidèles à certaines restrictions?

Aux restrictions déjà mentionnées, le canon 223 ajoute quelques limites générales dans l'exercice des droits des fidèles. Le premier alinéa de ce canon établit que :

> Dans l'exercice de leurs droits, les fidèles, tant individuellement que groupés en associations, doivent tenir compte du bien commun de l'Église, ainsi que des droits des autres et des devoirs qu'ils ont envers eux.

En somme, aucun droit n'est absolu dans l'Église. Les droits doivent plutôt être compris dans le contexte des obligations personnelles envers l'ensemble de l'Église.

Chacun doit donc toujours exercer ses droits en vue du bien commun, c'est-à-dire à la fois le bien de l'ensemble de l'Église et le bien d'une communauté ecclésiale particulière. Les droits d'une personne ne doivent jamais prévaloir sur ceux de l'Église ou d'autres fidèles.

Le second alinéa de ce même canon précise : « En considération du bien commun, il revient à l'autorité ecclésiastique de régler l'exercice des droits propres aux fidèles. » Il importe parfois d'imposer des restrictions à l'exercice des droits d'une personne, afin de préserver ceux de l'ensemble des catholiques. Quand une telle nécessité se présente, les pasteurs dûment nommés de l'Église ont à la fois le droit et l'obligation d'imposer de telles restrictions.

Chapitre 3

Les droits et obligations du clergé

23. À QUI INCOMBE LA RESPONSABILITÉ PRIMORDIALE DE LA PROMOTION DES VOCATIONS SACERDOTALES ET RELIGIEUSES?

L'ensemble de la communauté chrétienne a le devoir d'éveiller la vocation au sacerdoce et à la vie religieuse. Dans le contexte actuel, marqué par une diminution considérable du nombre de prêtres en exercice, le besoin, voire l'urgence, d'une promotion des vocations se fait sentir. Le droit canon précise que le devoir de favoriser les vocations incombe « aux familles chrétiennes, aux éducateurs et, à un titre particulier, aux prêtres, surtout aux curés » (canon 233, alinéa 1).

Mais le canon établit qu'il appartient surtout aux évêques diocésains de veiller à promouvoir les vocations. Les évêques « instruiront le peuple qui leur est confié de l'importance du ministère sacré et de la nécessité de ministres dans l'Église ».

24. Qui doit se charger de la création et de l'administration des séminaires?

Il faut distinguer deux types de séminaires : ceux qui sont fondés et administrés par les diocèses, et ceux qui sont fondés et administrés par les congrégations religieuses. Un séminaire diocésain forme généralement des diacres et des prêtres pour l'exercice d'un ministère au sein du diocèse, tandis qu'un séminaire religieux forme des hommes en vue d'un ministère ou de la vie religieuse au sein d'une congrégation.

Il incombe en premier lieu à l'évêque diocésain de promouvoir des vocations à l'intérieur de son diocèse. S'il le juge utile, l'évêque établira un petit séminaire où de jeunes hommes, à l'âge des études secondaires, recevront une formation religieuse « jointe à un enseignement humaniste et scientifique » (canon 234, alinéa 1).

L'alinéa 2 du canon 233 mentionne le désir que manifestent des hommes d'âge mûr — il peut s'agir par exemple de veufs dont les enfants sont devenus adultes — d'accéder aux ministères sacrés. Il arrive que des ministres protestants, devenus catholiques, reçoivent du Vatican la permission d'être ordonnés, puisque la loi du célibat sacerdotal est une loi ecclésiastique (et non un commandement de Dieu) dont l'Église peut accorder une dispense.

En préparation pour l'ordination, tous les candidats à la prêtrise « recevront la formation spirituelle appropriée et seront préparés à leurs devoirs propres dans un grand séminaire » (canon 235, alinéa 1). Si possible, chaque diocèse disposera d'un grand séminaire (canon 237, alinéa 1). Bon nombre de diocèses n'ayant pas les moyens financiers d'exploiter un grand séminaire, des séminaires interdiocésains ont été fondés. C'est le Vatican qui a le pouvoir d'autoriser la création de séminaires interdiocésains.

Seul l'évêque diocésain peut admettre au grand séminaire un candidat au sacerdoce diocésain. Si un homme désire entreprendre des études dans un séminaire diocésain, il doit y être affecté par l'évêque. C'est l'évêque, sur la recommandation du personnel du séminaire, qui approuve les candidatures à l'ordination.

25. Qu'est-ce qu'un diacre permanent? Qui peut devenir diacre permanent?

L'institution du diaconat permanent, tombée en désuétude au cours du Moyen Âge, a été réinstaurée après le concile Vatican II. Le *Code de Droit canonique* de 1917 parlait uniquement des diacres « transitoires », c'est-à-dire des hommes ayant reçu l'ordre du diaconat comme étape vers la prêtrise.

Les aspirants au diaconat permanent doivent suivre un programme de préparation de trois ans. Ces candidats peuvent être des « jeunes gens » (entre vingt-cinq et trente-cinq ans) ou des « hommes d'âge mûr » (trente-cinq ans et plus). Les jeunes gens doivent être célibataires, tandis que les hommes d'âge mûr peuvent être mariés (canon 236). Le droit canon ajoute que les hommes mariés doivent obtenir le consentement de leur épouse avant de recevoir l'ordination diaconale.

Les diacres permanents qui exercent une profession civile doivent utiliser leurs revenus personnels pour pourvoir à leurs besoins et à ceux de leur famille. Ceux qui se dévouent entièrement au ministère ecclésiastique « méritent » une rémunération leur permettant de subvenir à leurs besoins et à ceux de leur famille (canon 281, alinéa 3). Ce canon est important, puisqu'il signifie que l'ensemble du diocèse assume une certaine responsabilité à l'égard des diacres permanents. Le droit n'exige pas que les diacres permanents soient employés à temps plein, puisque certains diocèses, certaines paroisses n'ont pas les ressources permettant de les rémunérer.

Le droit n'expose pas le rôle quotidien du diacre permanent. Le diacre permanent, contrairement à d'autres clercs, n'a pas à porter une tenue vestimentaire cléricale, n'est pas empêché d'assumer une fonction officielle dans un gouvernement civil, peut s'occuper de gestion financière et se consacrer à des activités commerciales et est autorisé à jouer un rôle actif dans un parti politique ou un syndicat.

26. Les prêtres peuvent-ils se déplacer d'un diocèse à un autre, d'une affectation à une autre?

Le droit canon n'autorise pas les prêtres « pigistes » : « qu'il n'y ait absolument pas de clercs acéphales ou sans rattachement » (canon 265). Un prêtre doit appartenir officiellement à une structure, qu'il s'agisse d'un diocèse, d'une prélature personnelle telle que l'Opus Dei, ou d'une congrégation religieuse, telle que les Franciscains. Cette appartenance s'appelle l'incardination. Si vous avez un doute sur l'authenticité du sacerdoce d'un homme qui prétend être prêtre, vous pouvez toujours lui demander où il est incardiné.

Pour la plupart des catholiques, les prêtres, ce sont des hommes qui se consacrent au service d'une paroisse, dans un diocèse. Il y a aussi des prêtres qui appartiennent à une congrégation religieuse. Ils vivent avec d'autres prêtres de la même congrégation et assument des ministères correspondant à la mission de la congrégation. Les Franciscains, par exemple, exercent un ministère de service des pauvres : un prêtre franciscain pourrait donc se consacrer à l'accueil des sans-abri. Il arrive que des prêtres religieux travaillent au service d'une paroisse, à l'invitation d'un évêque.

Un prêtre diocésain peut, dans de rares cas, se voir autorisé par son évêque à exercer un ministère à l'extérieur d'une paroisse, et même dans une autre région du monde. Une telle autorisation est ordinairement de nature temporaire. Le diocèse où ce prêtre va exercer son ministère doit subvenir à ses besoins. Si le prêtre exerce son ministère pendant un certain nombre d'années à un endroit à l'extérieur de son diocèse, il peut demander à être incardiné dans le diocèse où il œuvre ou dans la congrégation religieuse qu'il sert.

Au sein d'un diocèse ou d'une congrégation religieuse, tout prêtre peut recevoir et reçoit effectivement de nouvelles affectations. L'expérience a montré que de tels changements sont sains. Ils fournissent aux prêtres et aux communautés paroissiales des personnalités nouvelles et des occasions nouvelles de croissance spirituelle.

27. Notre curé prêche les mêmes choses depuis des années. A-t-il l'obligation d'étudier pour se mettre à jour?

Les prêtres sont tenus de poursuivre leurs études sacrées (canon 279, alinéa 1), de fréquenter des cours de pastorale, rencontres théologiques ou conférences (alinéa 2), et de poursuivre l'étude de sciences profanes (alinéa 3). Les principes de la foi catholique ne changent pas, mais nous pouvons approfondir la compréhension de notre foi. Il est tout à fait raisonnable d'attendre de nos pasteurs qu'ils poursuivent constamment un tel approfondissement, qui exige la prière et l'étude.

Il est malheureux que certains prêtres prêchent sur les mêmes sujets année après année. Certes, la vérité de l'Évangile chrétien ne change pas, et une homélie n'est pas à proprement parler un moment d'enseignement. Une homélie est une allocution qui a pour but d'aviver la foi de l'assemblée afin qu'elle soit mieux disposée à recevoir la sainte communion. C'est un moment de proclamation. Néanmoins, les fidèles ont besoin d'entendre cette vérité immuable exprimée de manière nouvelle et vivante.

L'Évangile n'est pas prêché dans le vide. Les curés doivent prêcher en tenant compte des questions qui se posent dans la société. L'homélie est donc un temps pour réfléchir sur les questions contemporaines que doivent affronter l'Église et la communauté humaine. Cela suppose que le prédicateur connaisse bien ces questions.

L'évangélisation doit se déployer en fonction de l'auditoire. Les curés doivent posséder une certaine connaissance des sciences profanes pour exercer leur ministère, qui peut les aider à entretenir un dialogue avec la mentalité technologique et scientifique qui prévaut en Occident.

28. Notre curé s'habille de plus en plus à la dernière mode et aime posséder des autos rutilantes. Est-ce qu'il peut afficher un tel luxe?

Le droit canon établit des consignes claires : « Que les clercs recherchent la simplicité de vie et s'abstiennent de tout ce qui a un relent de vanité » (canon 282, alinéa 1); « Les clercs s'abstiendront absolument de tout ce qui ne convient pas à leur état, selon les dispositions du droit particulier » (canon 285, alinéa 1); « Les clercs éviteront ce qui, tout en restant correct, est cependant étranger à l'état clérical » (alinéa 2). Il leur est interdit de remplir des charges publiques (alinéa 3) et de gérer des biens appartenant à des laïcs (alinéa 4).

Dans de nombreux pays de l'hémisphère occidental, les chrétiens vivent dans un contexte bien éloigné de la simplicité de l'existence prêchée par le Christ. Nos leaders religieux subissent, comme le reste de la population, la tension de l'influence simultanée des deux pôles que sont la simplicité de l'Évangile et la société d'abondance. Comment le prêtre doit-il se comporter? Doit-il se priver d'une automobile, de vacances ou de la compagnie des livres? Bien sûr que non. Le canon rappelle simplement que les clercs doivent fonder leur style de vie sur le Christ et son Église.

Si un évêque, un prêtre ou un diacre reçoivent des ressources matérielles qui excèdent leurs besoins, ils

« affecteront volontiers au bien de l'Église et aux œuvres de charité l'excédent de ce qu'ils reçoivent » (canon 282, alinéa 2). Pour pratiquer la simplicité de vie souhaitée, le droit canonique suggère un moyen exemplaire : entourer « d'une attention spéciale les pauvres, les affligés, les isolés, les exilés, ainsi que ceux qui sont aux prises avec des difficultés particulières » (canon 529, alinéa 1).

29. Notre curé a hérité d'une petite entreprise, et il me semble qu'il s'intéresse plus à l'exploitation de cette entreprise qu'à l'exercice de son ministère paroissial. Est-ce qu'il a le droit de consacrer ainsi ses énergies au monde des affaires?

Les prêtres diocésains ne font pas vœu de pauvreté : ils peuvent donc acquérir des biens matériels (voir la question 27). Or, « il est défendu aux évêques, aux prêtres et à certains diacres de faire le négoce ou le commerce par eux-mêmes ou par autrui, à leur profit ou à celui de tiers, sauf [avec la] permission de l'autorité ecclésiastique légitime » (canon 286). Le *Code de Droit canonique* de 1917 prévoyait l'imposition d'une pénalité automatique aux prêtres qui enfreignaient cette norme.

Votre pasteur doit donc avoir obtenu une autorisation pour exploiter son entreprise. Si cette permission lui a été accordée, elle l'a probablement été pour une période déterminée. Les restrictions prévues par le droit canon ont les mêmes fondements que vos préoccupations : les clercs doivent se consacrer totalement à leur ministère. D'ailleurs, les évêques, les prêtres et les diacres jouissent d'une influence et ils ne doivent pas donner l'impression de l'utiliser pour réussir en affaires.

Le canon n'interdit pas aux clercs de gérer leurs propres biens. Un évêque, un prêtre, un diacre peut investir son argent à la bourse ou ailleurs. Il faut noter que ce canon ne s'applique pas aux diacres permanents.

30. Au cours d'un congrès politique récent, notre curé a été élu à un poste de direction au sein du parti. Cet engagement agace certaines personnes dans notre paroisse. Est-ce que le pasteur a raison d'accepter un tel rôle?

Dans le passé, l'Église catholique a exercé une forte influence sur les mouvements politiques. L'enseignement social de l'Église a soutenu le droit de syndicalisation des travailleurs et certains clercs ont joué un rôle de premier plan dans ces mouvements ouvriers fortement politisés. Néanmoins, le droit interdit aux évêques, aux prêtres et à certains diacres d'assumer « une part active dans les partis politiques [et] dans la direction des associations syndicales » (canon 287, alinéa 2).

Cette interdiction admet deux exceptions. Si le bien de l'Église est en jeu, un évêque, un prêtre ou un diacre peut être autorisé à assumer un rôle actif dans un parti qui soutient les droits de l'Église. Par exemple, si dans un pays le christianisme est frappé d'interdit, un prêtre pourrait être autorisé à jouer un rôle de direction dans un parti politique qui s'efforce de renverser des lois injustes.

L'autre exception concerne le bien commun de la population. Par exemple, un prêtre peut recevoir la permission de participer à la direction d'un parti politique qui s'efforce de favoriser l'option pro-vie.

En conclusion, nous pouvons dire que de telles responsabilités n'incombent pas aux dirigeants spirituels de l'Église. Il serait préférable que les clercs conseillent aux politiciens et chefs syndicaux laïcs de consacrer leur propre temps et leurs énergies à mener de tels combats (voir aussi la question 56).

31. L'Église peut-elle dépouiller un prêtre de son sacerdoce?

La réponse la plus simple à cette question est : prêtre un jour, prêtre toujours. L'ordination sacerdotale, comme le baptême, produit des effets qui demeurent toute la vie, même si la personne commet par la suite des actes odieux.

Cette règle souffre une exception. S'il peut être montré que l'ordination s'est déroulée dans des circonstances fondamentalement inadéquates, une déclaration peut être émise pour invalider l'ordination. Par exemple, un homme forcé de se faire ordonner contre sa volonté n'est pas validement ordonné.

Une ordination valide n'est jamais déclarée nulle, mais un prêtre peut être relevé de son état clérical. Il ne peut plus alors exercer les fonctions sacerdotales ni jouir du soutien de son diocèse ou de la congrégation religieuse à laquelle il appartient. Le canon 290 permet la libération de l'état clérical en trois circonstances :

- Le prêtre ou son évêque peut présenter au pape une demande de « laïcisation ».
- Un jury de trois personnes dans un diocèse peut juger le comportement d'un prêtre. Le jury examine les éléments de preuve, permet au prêtre de se

défendre, puis prend une décision. Certains actes considérés comme des crimes aux yeux du droit canon, mais pas tous, justifient un renvoi de l'état clérical.

- Un bureau du Vatican a le pouvoir d'émettre un décret de renvoi de l'état clérical lorsque la situation le justifie.

Chapitre 4

Les structures et l'Église universelle

32. Faut-il une autorisation pour utiliser le titre de « catholique »?

L'Église, comme toute autre institution réputée, protège le titre de « catholique », afin que les chrétiens sachent qu'un groupe portant ce titre a été dûment autorisé, par un écrit signé par un responsable de l'Église catholique. Habituellement, ce responsable est l'évêque diocésain.

En pratique, cependant, l'Église n'est pas en mesure de faire appliquer cette loi. Si l'authenticité d'un groupe se disant catholique soulève un doute, le plus simple est de demander à ce groupe de montrer une permission écrite de porter ce titre. Par exemple, un certain nombre de groupes marginaux se réclamant de la Vierge Marie n'ont pas l'appui de l'Église. Certains de ces groupes sollicitent des dons auprès des catholiques. Dans certains cas, des pasteurs bien intentionnés permettent à ces groupes d'afficher du matériel publicitaire à l'arrière des églises.

Une école doit avoir reçu l'approbation de l'autorité appropriée (l'évêque, par exemple) pour porter la désignation *catholique*. Le droit canon précise : « Aucune école, même si elle est réellement catholique, ne portera le nom d'école catholique si ce n'est du consentement de l'autorité ecclésiastique compétente » (canon 803, alinéa 3).

33. Pourquoi avons-nous un pape, et quelle est la portée de son autorité?

Le droit canon contient naturellement plusieurs dispositions au sujet du pape. Le titre qu'il lui donne est habituellement celui de Pontife romain, un titre qui traduit l'influence des empereurs de l'empire romain. Le rôle du pape a toutefois des origines théologiques.

Pierre a reçu du Christ le mandat de construire son Église. Pierre a exercé son ministère dans la Rome antique, où il a trouvé la mort. Le diocèse de Rome est donc considéré comme celui où le successeur de Pierre poursuit son ministère. Le canon 331 établit cette succession : « L'évêque de l'Église de Rome, en qui demeure la charge que le Seigneur a donnée d'une manière singulière à Pierre, premier des Apôtres ». Le canon désigne également le pape comme « le chef du Collège des évêques » qui, à ce titre, doit préserver et promouvoir la restauration de l'unité chrétienne partout dans le monde.

Le pape exerce une autorité immédiate non seulement sur le diocèse de Rome, mais aussi sur l'Église universelle. « ... il possède dans l'Église, en vertu de sa charge, le pouvoir ordinaire, suprême, plénier, immédiat et universel qu'il peut toujours exercer librement. » Son rôle de gardien de l'Église universelle lui confère le pouvoir d'établir des lois pour l'Église. C'est Jean-Paul II qui a promulgué le *Code de Droit canonique* de 1983 à l'intention de tous les diocèses et de toutes les congrégations religieuses du monde entier.

34. Le pape peut-il démissionner?

Nous sommes témoins d'événements extraordinaires à notre époque. Sa Sainteté Jean-Paul II est le pape qui a le plus voyagé dans l'histoire et, étant donné la durée de son règne, il a sans doute rencontré plus de gens qu'aucun pape avant lui. Autre fait inédit, le monde a assisté à la détérioration de la santé du pape. Cette situation pénible a suscité la question : le pape peut-il démissionner?

Même si, traditionnellement, le pape assume ses fonctions jusqu'à sa mort, il peut effectivement démissionner. Le canon 332, alinéa 2, le dit bien :

> S'il arrive que le Pontife romain renonce à sa charge, il est requis pour la validité que la renonciation soit faite librement et qu'elle soit dûment manifestée, mais non pas qu'elle soit acceptée par qui que ce soit.

Comme le pape exerce un « pouvoir ordinaire, suprême, plénier, immédiat et universel » dans l'Église (canon 331), ses actes ne dépendent de la réponse de personne. Sa démission n'aurait donc pas à être acceptée par quelqu'un pour prendre effet.

Comment, alors, un pape peut-il démissionner? Il doit exprimer sa décision de démissionner oralement ou par écrit. Il pourrait également prendre une disposition écrite prévoyant que s'il venait à être frappé d'incapacité de jugement, sa démission prendrait effet automatiquement.

Il ne s'agit là cependant que d'une simple possibilité. Aucune loi n'exige que le pape prenne de telles dispositions.

35. Jusqu'à quel âge les prêtres, les évêques et les cardinaux sont-ils censés travailler?

À soixante-quinze ans accomplis, les curés en exercice sont priés de présenter à l'évêque diocésain la renonciation à leur office (canon 538, alinéa 3). Mais ils ne sont pas obligés de le faire. Si un prêtre est en mesure de poursuivre son ministère, il peut continuer de l'exercer. La plupart des prêtres, dans les pays développés, sont admissibles à un régime de pensions et, lorsqu'ils arrivent à l'âge de soixante-quinze ans, ils sont prêts à prendre leur retraite. Fait intéressant, les évêques des États-Unis peuvent permettre à leurs prêtres de se retirer plus tôt, mais, étant donné la pénurie de prêtres actifs, nous verrons sans doute de plus en plus de prêtres exercer un ministère à plein temps à l'âge de la retraite.

Un évêque qui a atteint soixante-quinze ans accomplis « est prié de présenter la renonciation à son office au Pontife suprême » (canon 401, alinéa 1). Un évêque retraité reçoit le titre d'évêque *émérite*. *Emeritus* est l'équivalent latin de « retraité ».

Les cardinaux qui président des institutions du Vatican « sont priés de présenter la renonciation à leur office au Pontife romain » lorsqu'ils ont soixante-quinze ans accomplis (canon 354). Un autre seuil de l'âge concerne les cardinaux. Dans un document intitulé *Universi Dominici Gregis* (1996), le pape Jean Paul II a prolongé la tradition et établi que les cardinaux, lorsqu'ils atteignent l'âge de quatre-vingts ans, n'ont plus le droit de vote lors de l'élection du pape.

Puisque leur choix de vie tient d'une vocation, les prêtres, les évêques et les cardinaux ne cessent pas normalement de célébrer les sacrements et d'accomplir d'autres actes de leur ministère une fois qu'ils sont à la retraite. Cet engagement permanent s'apparente à la vie des gens mariés, qui continuent d'être mariés après leur retraite.

36. Quel genre de rassemblement a constitué le concile Vatican II? Le droit canon mentionne-t-il le moment de la tenue du prochain concile?

L'autorité en matière d'enseignement de la foi catholique réside en ce que nous appelons le magistère. La Sainte Tradition et la Sainte Écriture constituent un unique dépôt sacré de la parole de Dieu (*Catéchisme de l'Église catholique*, § 97), mais il appartient aux apôtres et à leurs successeurs de transmettre et d'enseigner la foi de génération en génération.

Un concile œcuménique est un rassemblement des évêques catholiques du monde entier qui sont appelés à examiner et à enseigner la foi catholique. L'Église a tenu de tels rassemblements tout au long de son histoire.

Il appartient au pape de convoquer un concile œcuménique. À titre de successeur de Pierre, le premier des apôtres, c'est lui qui préside le déroulement du concile (canon 338, alinéa 1). Il a le pouvoir de suspendre les travaux du concile, d'y mettre fin ou d'en approuver les conclusions. C'est lui qui établit l'ordre du jour des délibérations et qui approuve les éléments inscrits à l'ordre du jour par des évêques. Il jouit d'une autorité telle que s'il n'approuve pas les décrets d'un concile œcuménique, ces décrets n'entreront pas en vigueur. Certes, dans la pratique, les papes n'exercent pas ainsi leur pouvoir pour bloquer les travaux conciliaires.

Le concile Vatican II (1962-1965) a été un concile œcuménique (c'est-à-dire universel) qui a donné au magistère de l'Église l'occasion de se manifester « de manière solennelle » (canon 337). Le concile s'est tenu à un moment où l'Église se trouvait face à un monde en mutation profonde. Rien ne peut nous dire quand l'Esprit Saint poussera un pape à convoquer un autre concile œcuménique.

Chapitre 5

L'évêque et la structure diocésaine

37. Pourquoi y a-t-il des diocèses? Quelle est la fonction de l'évêque diocésain?

Le mot *diocèse* tire son origine d'un terme grec qui signifiait autrefois : gérer une maison. Avec le temps, ce mot en est venu à signifier : administrer ou gouverner une certaine région. Tous les catholiques du monde appartiennent à un diocèse (ou à une structure équivalente) et ont un évêque (ou son équivalent) et un pasteur (ou son équivalent).

La loi de l'Église accorde une grande importance aux frontières territoriales, puisque les catholiques exercent leurs droits et s'acquittent de leurs obligations dans les territoires où ils habitent. Grâce à cette structure territoriale, tout catholique appartient à une église.

Le rôle habituel d'un évêque est de superviser un diocèse. Les prêtres, les diacres et les laïcs assistent l'évêque dans les fonctions quotidiennes des paroisses du diocèse. Le canon 375 explique que les évêques, à titre de successeurs des apôtres, sont « maîtres de doctrine, prêtres du culte sacré et ministres de gouvernement ». Les prêtres assument également ces rôles, mais en tant que collaborateurs, au titre du mandat accordé à l'évêque. Ils s'en remettent à l'évêque en matière d'enseignement, de sanctification et de gouvernance.

L'évêque maintient une communion avec les autres évêques catholiques du monde. Si un évêque rompt cette unité, le droit canon prévoit qu'il sera dépouillé de son autorité sur son diocèse (canon 375, alinéa 2). Si, par exemple, un évêque tente d'ordonner un autre évêque sans la permission du pape, il encourt une excommunication *latae sententiae* (c'est-à-dire automatique).

38. Pourquoi certains évêques portent-ils le titre de cardinal? Quelle est la fonction d'un cardinal?

Un homme ne devient cardinal que sur nomination du pape. Les cardinaux du monde entier forment ce qu'on appelle le Collège des cardinaux. Le titre de cardinal est attribué à des hommes qui ont apporté une contribution importante et remarquable à la vie de l'Église. Les cardinaux sont des leaders extraordinaires dans l'Église.

Le Collège des cardinaux n'est pas mentionné dans les Écritures : c'est une entité créée par la tradition de l'Église. Sa fonction première est très simple : élire le pape.

Les lois concernant l'élection du pape ne sont pas contenues dans le *Code de Droit canonique* mais plutôt dans un document publié par le pape Jean-Paul II en 1996 et intitulé *Universi Dominici Gregis*. Ce document explique qu'à tout moment le pape doit voir à ce qu'il n'y ait pas plus de

120 cardinaux de moins de quatre-vingts ans qui soient disponibles pour élire le successeur de Pierre. Parfois, le nombre de cardinaux votants tombe sous la barre des 120. Le nombre n'a aucune signification en soi, sauf qu'il constitue un échantillon assez large des leaders catholiques du monde, qui seront appelés à discerner qui sera le prochain pape.

Le droit canon reconnaît une autre fonction que doivent assumer les cardinaux. Ils assistent le Pontife romain, soit collégialement quand ils sont convoqués pour traiter de questions de grande importance, soit individuellement, à savoir par les divers offices qu'ils remplissent en apportant leur concours au Pontife romain surtout dans le soin quotidien de l'Église tout entière (canon 349).

39. Ne suffit-il pas qu'il y ait un évêque dans un diocèse? Pourquoi y a-t-il aussi des évêques auxiliaires?

Tout ce qu'exige le droit canon, pour le fonctionnement d'un diocèse, c'est qu'il y ait un évêque. Cependant, un diocèse peut compter une forte population catholique et un grand nombre de paroisses. Même s'il s'appuie sur l'aide des prêtres, des diacres et des laïcs, l'évêque diocésain peut trouver difficile de répondre aux besoins pastoraux de son diocèse. Dans ce cas, il peut demander l'assistance d'un évêque auxiliaire.

Un évêque diocésain peut soumettre le nom d'un évêque auxiliaire potentiel au pape. Si le pape accorde au candidat son mandat (approbation) papal, la consécration peut avoir lieu.

Le titre d'évêque auxiliaire revêt la même importance théologique et spirituelle que celui d'un évêque. Un évêque auxiliaire est considéré comme un membre du Collège des évêques du monde. Il n'a pas l'autorité, cependant, pour diriger un diocèse de son propre chef, et il ne peut établir des lois dans un diocèse. Il n'est pas non plus le remplaçant désigné au moment du départ de l'évêque. Le droit exige que l'évêque auxiliaire partage la charge de l'évêque diocésain, ce qui signifie que sa charge dépend de celle de l'évêque (canon 407, alinéa 3).

Le droit canon exige que l'évêque diocésain accorde aux évêques auxiliaires le pouvoir d'exercer pleinement le rôle administratif d'un évêque, ce qui signifie entre autres qu'ils peuvent dispenser de certaines lois et prendre des décisions qui lient les catholiques du diocèse. Cela suppose que l'évêque diocésain ne s'est pas réservé l'exercice de son pouvoir dans certaines situations, ou dans certains cas.

40. Qui dirige un diocèse quand il n'y a pas d'évêque?

Dans chaque diocèse, vient un temps où l'évêque démissionne, meurt ou est affecté à un autre diocèse. Le remplacement d'un évêque prend du temps, car il faut que soient présentées au pape un certain nombre de candidatures, et donc que soient examinés les dossiers d'un certain nombre de personnes jugées aptes à assumer la responsabilité épiscopale. Entre-temps, le fonctionnement quotidien du diocèse doit se poursuivre. Le droit canon ne prévoit aucun mécanisme pour la gestion de cette transition.

Lorsqu'un diocèse se retrouve sans évêque, le Siège apostolique (le Vatican) est avisé de cette vacance. Il faut noter que le Siège apostolique peut intervenir et imposer au diocèse un administrateur apostolique. Mais, normalement, le choix d'un administrateur est assumé par un organisme diocésain, le Collège des consulteurs. Il s'agit d'un groupe de prêtres, nommés auparavant par l'évêque diocésain. Le Collège des consulteurs se réunit dans les huit jours du début de la vacance épiscopale et élit un administrateur diocésain. Le nom de l'administrateur diocésain est alors envoyé au Siège apostolique.

L'administrateur élu gouverne le diocèse en attendant le nouvel évêque. Il gère le diocèse avec toute l'autorité administrative d'un évêque. Il ne peut pas toutefois apporter d'innovation dans la conduite du diocèse ni prendre une décision qui restreindrait la liberté d'action du nouvel évêque.

Un administrateur diocésain qui n'est pas évêque auxiliaire ne jouit pas du pouvoir sanctifiant d'un évêque. Par exemple, l'administrateur diocésain ne peut consacrer le saint-chrême nécessaire au sacrement de la confirmation.

41. Un archevêque a-t-il autorité sur d'autres évêques dans sa région?

Il faut ici rappeler quelques pages d'histoires. Après le travail des défricheurs de la foi, y compris dans les Amériques, des diocèses ont été créés. Avec la croissance de l'Église locale, d'autres diocèses ont été fondés à l'intérieur des territoires immenses qui formaient les premiers diocèses. Une relation s'est établie. Le diocèse originel a été considéré comme le diocèse métropolitain et les plus petits diocèses, comme des diocèses suffragants.

Le droit canon maintient cette distinction. L'évêque du diocèse métropolitain, ou archidiocèse, porte le titre d'archevêque ou d'archevêque métropolitain. Puisque le diocèse originel a supervisé la création des diocèses plus petits, l'archevêque est vu comme celui qui doit veiller à ce que l'Église se porte bien dans son diocèse et dans les diocèses suffragants de sa province ecclésiastique. Le droit canon explique qu'il revient au métropolitain « de veiller à ce que la foi et la discipline ecclésiastique soient soigneusement observées et, s'il y a des abus, d'en informer le Pontife romain ». Il peut accomplir des visites canoniques dans les diocèses suffragants, avec la permission du pape, si certaines choses semblent y être négligées (canon 436).

Les fidèles peuvent faire part à l'archevêque métropolitain de leurs préoccupations concernant le fonctionnement de leur propre diocèse. Même s'il n'a aucune autorité à part une fonction de vigilance, l'archevêque métropolitain peut déterminer si le sujet de préoccupation doit ou non être porté à l'attention du Vatican. Cependant, selon un sain principe canonique, il vaut mieux d'abord exprimer ses préoccupations à son évêque propre.

42. Quelle fonction exerce la Conférence des évêques catholiques de mon pays?

Dans chaque pays (ou région du monde), les évêques catholiques se réunissent pour former une association qu'ils appellent une conférence épiscopale. Cette union traduit la coopération que pratiquent les évêques d'un même pays ou d'une même région. À titre de successeurs des apôtres, les évêques constituent un signe visible d'unité dans la proclamation de l'Évangile du Christ. La conférence leur permet de mettre en commun leurs visions des choses afin de mieux affronter, à la lumière de l'Évangile, les problématiques propres à leur région. Cet organisme revêt un caractère prophétique lorsqu'il formule les enseignements de l'Église.

Certaines conférences épiscopales sont très bien organisées et peuvent grandement influencer les affaires de l'Église dans leur pays. La raison d'être d'une conférence épiscopale est cependant d'aider les évêques pris individuellement à assumer leur ministère. Chaque évêque exerce sa pleine autorité sur son diocèse. Le pape et les différents organismes du Vatican traitent directement avec chaque évêque, sans que la conférence des évêques joue un rôle d'intermédiaire. En principe, une conférence épiscopale ne possède aucune autorité et ne peut imposer ses décisions aux évêques et à leurs diocèses.

Dans certains cas — notamment, à propos de l'âge de la confirmation (canon 891) — le droit canon permet à une conférence épiscopale de déterminer l'application d'une disposition particulière dans un pays ou une région particulière. Par exemple, la Conférence des évêques catholiques du Canada a convenu que le mandat d'un curé serait de six ans, qu'il serait renouvelable ou d'une durée indéfinie. Cette décision lie tous les évêques canadiens.

43. Comment mon évêque peut-il recueillir des informations lui permettant de prendre des décisions sur des questions importantes qui se posent dans le diocèse?

Un évêque diocésain doit mettre en place un certain nombre de comités. Chaque diocèse doit avoir un conseil presbytéral (canon 495) et un collège des consulteurs (canon 502). Il est vivement recommandé à l'évêque d'établir également un conseil pastoral (canon 511), composé de prêtres, de diacres, de religieux, de religieuses et de laïcs qui forment un échantillon de la population du diocèse. Un évêque doit visiter personnellement chaque paroisse du diocèse ou y envoyer un délégué au moins tous les cinq ans. Ces visites lui permettent de se tenir informé des réalités que doivent affronter les catholiques de son diocèse.

Un autre mécanisme, plus important celui-là, prévu dans le droit canon et appelé « synode diocésain », réunit des gens du diocèse autour de l'évêque pour l'examen de certaines questions (canon 460). Les synodes diocésains se font rares depuis quelques décennies, mais le droit promeut toujours ce moyen de répondre aux besoins des diocèses.

Il revient à l'évêque diocésain, après consultation du conseil presbytéral, de décider de l'opportunité de la convocation d'un synode diocésain. Les délégués au synode représentent l'ensemble des catholiques du diocèse. Le canon 465 souligne que « toutes les questions proposées seront soumises à la libre discussion des membres dans les sessions du synode ». Les membres du synode doivent voter sur des résolutions, mais il revient à l'évêque diocésain de décider si les décisions du synode auront force de loi pour le diocèse.

44. Qui assure l'administration quotidienne du diocèse?

Un évêque peut se voir débordé par les activités quotidiennes de son diocèse. Il vaut mieux qu'il partage sa responsabilité administrative avec une autre personne. Le droit canon stipule que, si la taille du diocèse le justifie, au moins un « Vicaire général sera constitué » (canon 475, alinéa 2), pour s'occuper de la direction des affaires administratives du diocèse.

La direction du gouvernement diocésain assure l'application de la loi et de la discipline de l'Église et du diocèse. Le vicaire général peut agir comme représentant officiel du diocèse lors de certaines rencontres officielles avec des dignitaires ou les médias. Il peut même être chargé des mesures de dotation en personnel du diocèse.

Étant donné la nature de l'administration, le droit canon stipule que le vicaire général peut également être nommé modérateur de la curie. La *curia* est une désignation latine qui signifie « bureau ». Le modérateur de la curie supervise le personnel diocésain et les organismes qui sont au service des paroisses et des paroissiens du diocèse.

45. Quel rôle joue le chancelier de mon diocèse?

Le droit canon exige que chaque diocèse ait un chancelier. Le *Code de Droit canonique* de 1917 stipulait que le chancelier devait être un prêtre. Le *Code* de 1983 permet la nomination d'une personne laïque pour assumer cette fonction.

Le chancelier est le notaire principal du diocèse. Cette personne rédige les actes des affaires du diocèse et voit à ce que les décisions qui affectent diverses personnes ou l'ensemble du diocèse soient transmises aux intéressés. Il est très avantageux que cette personne connaisse le droit canon, puisqu'elle doit rédiger les décrets (c'est-à-dire les décisions écrites) rendus par diverses autorités du diocèse.

Certains diocèses pourront confier au chancelier des tâches qui n'appartiennent pas à proprement parler à son rôle. Le droit canon prévoit cet élargissement des fonctions en reconnaissant que le « droit particulier », un droit diocésain local, permet d'ajouter des responsabilités à la tâche première de cette personne, qui est « de veiller à ce que les actes de la curie [c'est-à-dire les bureaux du diocèse] soient rédigés et expédiés, et conservés aux archives de la curie » (canon 482).

Le chancelier doit tenir les archives du diocèse. Un diocèse dispose de différents types d'archives : des archives générales (canon 486), des archives historiques (canon 491, alinéa 2) et des archives secrètes ou confidentielles (canon 489). Cette personne est responsable des deux premiers types d'archives. Seul l'évêque diocésain peut gérer les archives secrètes.

46. Qui peut prendre les décisions d'affaires dans un diocèse?

L'Église a pour mission de proclamer l'Évangile et de travailler au salut des âmes. Elle a acquis des biens matériels qui lui permettent de s'acquitter de cette mission. Or, les biens d'un diocèse peuvent prendre de l'ampleur, ce qui exige, au quotidien, de saines décisions d'affaires.

Tenant compte du fait que les évêques et les vicaires généraux n'ont pas tous les compétences nécessaires pour prendre des décisions financières éclairées, le droit canon exige que chaque diocèse ait un conseil pour les affaires économiques. Ce conseil « sera composé d'au moins trois fidèles nommés par l'évêque, vraiment compétents dans les affaires économiques comme en droit civil, et remarquables par leur probité » (canon 492, alinéa 1).

Il incombe au conseil pour les affaires économiques d'établir un budget annuel et un rapport financier annuel. Sur certaines questions, l'évêque diocésain ne doit pas aller à l'encontre de l'avis du conseil pour les affaires économiques.

Dans chaque diocèse doit aussi être nommé un administrateur financier. Cet administrateur, ou économe, sera « vraiment compétent dans le domaine économique et remarquable par sa probité » (canon 494, alinéa 1). L'administrateur financier doit voir à ce que le diocèse respecte son budget annuel. Il peut également effectuer, à même les fonds du diocèse, des paiements qui ont été autorisés par l'évêque ou son délégué. L'administrateur financier doit présenter un rapport au conseil pour les affaires économiques à la fin de l'année financière.

47. Est-ce que les prêtres d'un diocèse sont représentés par un organisme quelconque? Comment peuvent-ils exprimer leurs doléances?

Le droit canon stipule que dans chaque diocèse l'évêque doit établir un conseil presbytéral (canon 495), un organisme représentatif formant un échantillonnage adéquat des prêtres du diocèse. Certains membres du conseil sont élus, d'autres, nommés. L'évêque doit se servir de cet organisme pour comprendre les besoins de son diocèse.

Le droit canon souligne les avantages pour l'évêque du conseil presbytéral. Or, le conseil peut constituer une tribune où les prêtres peuvent formuler leurs préoccupations à l'égard de l'Église et favoriser le « bien-être pastoral » du peuple de Dieu dans l'ensemble du diocèse. Les prêtres constituent la colonne vertébrale de l'Église institutionnelle. L'évêque assume le mandat des apôtres, mais ce sont les prêtres qui sont en contact immédiat et personnel avec les fidèles du Christ, dans les paroisses.

Chapitre 6

Les prêtres et la structure paroissiale

48. Est-ce que je peux être membre de n'importe quelle paroisse et participer à ses activités?

Rien ne vous en empêche.

Le droit canonique n'a pas suivi l'évolution de la vie, sur ce plan. Jadis, les gens fréquentaient l'église de la paroisse dans laquelle ils vivaient. Maintenant, certains fidèles « magasinent », à la recherche de l'église où la musique est la plus belle, où le décor porte le plus au recueillement, où ils trouvent un prêtre qui offre une liturgie parlante et prêche d'une manière éloquente. Certains pasteurs encouragent même des fidèles à s'inscrire dans une paroisse où ils ne résident pas.

Or, le droit prévoit une disposition à ce sujet. Le canon 518 explique que « la paroisse sera territoriale, c'est-à-dire qu'elle comprendra tous les fidèles du territoire donné ». Le droit prévoit donc une structure selon laquelle tout catholique appartient à une paroisse, en fonction de son lieu de résidence. Les gens ont le droit de réclamer des services spirituels de la part de leur pasteur territorial, et un pasteur ne peut refuser les sacrements aux fidèles de sa paroisse.

Le « magasinage » d'église pose deux problèmes. Premièrement, certaines églises ont perdu le soutien financier qui leur est nécessaire. Deuxièmement, certains pasteurs refusent le mariage à des fidèles qui résident dans leur paroisse, parce qu'ils n'y sont pas « inscrits », tandis qu'ils accordent le droit de se marier à des personnes inscrites qui vivent à l'extérieur de la paroisse.

49. Est-ce que ma paroisse doit avoir un curé?

Comme les temps changent! À une certaine époque, certaines paroisses comptaient deux ou trois prêtres résidents, alors que maintenant des diocèses, dans de nombreux pays, ont de la difficulté à affecter un prêtre dans chaque paroisse. Cette tendance semble durable en Occident, et l'Église fait ce qu'elle peut pour répondre aux besoins des fidèles.

L'évêque doit offrir des services pastoraux, personnellement ou par l'intermédiaire d'un curé. Ordinairement, dans une paroisse, « la charge pastorale est confiée au curé, comme à son pasteur propre » (canon 515). Étant donné la pénurie de prêtres que nous connaissons actuellement, les évêques hésitent à nommer des prêtres à des postes de curés, puisqu'ils peuvent avoir besoin de les muter par la suite. Mais les évêques doivent se rappeler que, malgré les difficultés que cause cette pénurie, les curés ont droit à des affectations stables.

Il arrive qu'un prêtre soit nommé curé de plusieurs paroisses. Il ne lui est pas possible dans ce cas de se conformer au droit canon, qui stipule que « le curé est tenu par l'obligation de résider dans la maison paroissiale proche de l'église » (canon 533). Un prêtre responsable de plusieurs paroisses peut vivre ailleurs, en choisissant peut-être un endroit central par rapport aux différents milieux où il exerce son ministère.

Si un curé doit quitter ses fonctions temporairement, sans préavis, un administrateur paroissial peut être nommé pour assumer son rôle pastoral. Les fonctions d'un administrateur paroissial s'apparentent à celles du curé, sauf que l'administrateur ne jouit pas de la même stabilité d'affectation. Autrement dit, il peut être transféré à la discrétion de l'évêque. La question 55 offre d'autres détails sur l'administrateur paroissial.

50. Qu'est-ce que je peux attendre de mon curé?

Le canon 528, l'un des plus longs du *Code de Droit canonique*, expose les responsabilités des curés. Deux obligations leur incombent : ils doivent proclamer l'Évangile et travailler au salut des âmes.

Le curé est tenu de proclamer la parole de Dieu aux personnes qui vivent à l'intérieur du territoire de sa paroisse. Par ses homélies et ses instructions religieuses, il doit enseigner la foi à ses paroissiens, en particulier aux enfants et aux jeunes. Il doit prêter attention aux questions de justice sociale et encourager ses paroissiens à s'engager dans ce domaine. Il doit assumer la responsabilité unique d'encourager ses paroissiens à l'aider à atteindre ceux qui se sont éloignés de la pratique de la foi. Il doit encourager ceux qui ne professent pas la vraie foi à chercher à se convertir.

Le curé doit encourager les catholiques à valoriser l'héritage spirituel de l'Église. Il doit voir à ce que l'eucharistie soit le centre de la vie paroissiale. Il doit promouvoir la réception régulière de la sainte communion et la fréquentation du sacrement de pénitence. Il doit voir à ce que tous les sacrements soient célébrés avec dévotion, de manière convenable, et empêcher l'introduction de pratiques inconvenantes dans la liturgie. Il doit persuader les laïcs de prendre part activement à la liturgie et de prier pour leurs familles.

51. Le curé a-t-il d'autres obligations?

Le canon 529 expose d'autres obligations. Afin de connaître les fidèles confiés à ses soins, le curé doit visiter « les familles, prenant part aux soucis des fidèles, surtout à leurs inquiétudes et à leurs deuils, en les soutenant dans le Seigneur ». Il doit aider « les malades … [entourer] d'une attention spéciale les pauvres, les affligés, les isolés, les exilés, ainsi que ceux qui sont aux prises avec des difficultés particulières » (alinéa 1). Il doit soutenir les époux et les parents dans l'accomplissement de leur vocation et favoriser le développement de la vie chrétienne en général.

Le curé doit reconnaître les talents des laïcs qui peuvent promouvoir la mission de l'Église. Il doit favoriser leurs associations afin que le travail de l'Église s'accomplisse plus efficacement. Il doit voir à ce que les fidèles aient le souci du développement harmonieux de la paroisse (alinéa 2).

Le curé doit aussi travailler, de concert avec son évêque et d'autres prêtres du diocèse, à sensibiliser les paroissiens aux expressions diocésaines et universelles de l'Église. Il doit encourager ses paroissiens à participer aux manifestations diocésaines et aux événements de l'Église universelle.

Certes, les tâches mentionnées dans ces canons exigent l'intervention du Christ lui-même. Le droit présente ici une vue d'ensemble plutôt qu'une liste détaillée des tâches du curé. Il met en lumière les aspects les plus importants de son ministère, dans une sorte de « manifeste du curé ».

Par ailleurs, les laïcs doivent soutenir leurs curés. « Les fidèles conscients de leur propre responsabilité sont tenus d'adhérer par obéissance chrétienne à ce que les Pasteurs sacrés, comme représentants du Christ, déclarent en tant que maîtres de la foi ou décident en tant que chefs de l'Église » (canon 212, alinéa 1).

52. Le curé de ma paroisse semble toujours avoir tant à faire! Combien de jours de vacances peut-il prendre?

Le droit canon prévoit pour les prêtres un mois de vacances annuelles (canon 533, alinéa 2). Puisque le *Code* est une œuvre très précise, il définit un mois comme une période de trente jours (canon 202). Les diocèses canadiens et américains accordent un jour de repos par semaine aux prêtres et ne comptent pas normalement cette journée dans leurs trente jours de vacances. Le prêtre, comme les employés des entreprises séculières, n'est pas obligé de prendre tous ses jours de vacances en une seule occasion. Il peut prendre congé de temps à autre, un jour ou deux à la fois. Il peut même combiner un jour de repos hebdomadaire avec un jour de vacances et prendre congé deux jours par semaine pendant une bonne partie de l'année.

Par ailleurs, chaque prêtre et chaque diacre sont tenus de faire une retraite spirituelle une fois par année (canon 276, alinéa 2, numéro 4). Cette retraite peut être de durée variable et n'est pas comptée dans le temps des vacances (canon 533, alinéa 2).

Personne ne contrôle les jours de vacances des prêtres, qui ne sont pas obligés de faire rapport de leurs congés au diocèse. Cependant, si un prêtre s'absente de sa paroisse pendant plus d'une semaine à la fois, il doit signaler ce congé à l'évêque diocésain, au vicaire général ou à un évêque auxiliaire afin que des arrangements soient pris pour qu'un autre prêtre assume les fonctions pastorales dans la paroisse durant cette période.

53. Le conseil paroissial semble diriger la paroisse. Quel est son pouvoir?

Un conseil paroissial ne peut d'aucune façon diriger la paroisse. La direction d'une paroisse est confiée à un curé (ou à un administrateur paroissial) et est bien réglementée par le droit canon. Le conseil paroissial est simplement un organe consultatif. Il a pour fonction d'aider le curé à assumer ses obligations envers la paroisse.

La prérogative d'établir des conseils paroissiaux, s'il « le juge opportun », revient à l'évêque diocésain (canon 536). S'il considère un tel organe comme un mécanisme utile au fonctionnement des paroisses, il exigera que chaque paroisse en crée un. Dans les diocèses dotés de conseils paroissiaux, il faut établir des lignes directrices. Dans le contexte actuel où le ministère s'exerce dans la collaboration, les fidèles connaissent leur rôle dans l'Église et s'attendent à apporter une contribution à la vie paroissiale dans leurs domaines de spécialisation (par exemple, les finances, la construction et ainsi de suite).

Le droit canon affirme clairement que le conseil paroissial est un organe consultatif. Même si les membres d'un conseil paroissial expriment une opinion unanime et catégorique sur une certaine ligne de conduite, le curé n'est pas tenu de suivre cette opinion. Par contre, il serait insensé pour lui d'ignorer un sage conseil de ce groupe. S'il ne met pas en œuvre une recommandation avisée, il peut s'attendre à ce que les membres du groupe s'adressent à l'évêque.

54. Les finances de ma paroisse me préoccupent. À qui le curé doit-il faire rapport de la gestion des finances?

Certaines paroisses gèrent avec peine de petits budgets, tandis que d'autres jouissent de budgets de fonctionnement plus importants que ceux de bien des petites entreprises. Quoi qu'il en soit, chaque paroisse doit avoir un conseil pour les affaires économiques (canon 537).

Le droit canon considère la paroisse comme une « personne juridique ». Comme l'argent et les biens matériels constituent un aspect important du fonctionnement quotidien de l'Église, le droit canon établit, pour en assurer une gestion responsable, que « toute personne juridique aura son conseil pour les affaires économiques [...] pour aider l'administrateur dans l'accomplissement de sa charge, selon les statuts » (canon 1280).

Quand nous avons parlé de la paroisse, nous avons vu que le curé assume ce rôle d'administrateur. Le curé n'est pas tenu de suivre les avis du conseil pour les affaires économiques. Mais il ne serait pas prudent de sa part d'ignorer ces avis, si le conseil, comme il se doit, est formé d'experts de la paroisse en cette matière.

Le droit canon ne donne pas d'explications sur la structure du comité pour les affaires économiques. Il revient à chaque diocèse d'établir cette structure. Une pratique en droit canon veut cependant que l'on s'oriente à partir des dispositions d'autres canons. Dans ce cas-ci, les dispositions concernant le conseil pour les affaires économiques du diocèse peuvent servir de modèle. Le conseil diocésain se compose de trois membres, experts en finance et en droit civil.

55. Le curé de notre paroisse a été muté l'an dernier, et nous avons maintenant un administrateur paroissial. Quelle est la fonction de l'administrateur, et combien de temps devrait-il demeurer en poste?

Le droit canon mentionne quelques raisons pour lesquelles un curé peut quitter sa charge de manière imprévue : emprisonnement, exil ou relégation, incapacité ou maladie, entre autres (canon 539). Les départs subits sont attribuables la plupart du temps à des problèmes de santé ou à des comportements répréhensibles. Le curé peut être absent pendant une période indéterminée, mais tant qu'il n'a pas été officiellement relevé de ses fonctions, il conserve son titre de curé. S'il est en mesure de revenir à sa paroisse, il poursuivra sa tâche.

Dans l'intervalle, l'évêque doit fournir un prêtre, si possible, pour pourvoir aux besoins de la paroisse. L'homme qui remplace le curé est appelé administrateur paroissial. Il doit être prêtre. Une fois nommé, il assume toutes les responsabilités d'un curé (voir questions 50 et 51). Il ne peut pas, cependant, apporter des changements qui compromettent le travail du curé à son retour.

Il semble que, de plus en plus, les évêques nomment des prêtres administrateurs paroissiaux, plutôt que curés. Il s'agit là d'une application erronée de la loi. Les curés jouissent d'un droit à un ministère stable, tandis que le rôle de l'administrateur paroissial est de nature transitoire : sa nomination dure jusqu'au retour du curé ou jusqu'à la nomination d'un nouveau curé. Chaque année, dans la plupart des diocèses, est annoncée une série de nouvelles nominations de prêtres.

Chapitre 7

Questions générales à propos de la fonction d'enseignement de l'Église

56. Pourquoi l'Église tient-elle encore à se mêler de l'élaboration des politiques publiques?

L'influence de l'Église sur les politiques gouvernementales a varié au cours des siècles. Les autorités politiques ont persécuté l'Église des premiers siècles. Par la suite, le Saint Empire romain est devenu le bras de l'Église dans le gouvernement politique de l'Europe. Ces différentes dynamiques se sont déployées sur fond de mission donnée à l'Église de proclamer l'Évangile à toutes les nations. L'Église a non seulement l'obligation d'exercer une influence dans les affaires publiques, mais elle jouit d'un droit divin de proclamation de l'Évangile.

Le canon 747, alinéa 1, explique que l'Église a « le devoir et le droit inné, indépendant de tout pouvoir humain, de prêcher l'Évangile ». L'Église est tenue de transmettre, de génération en génération, l'enseignement essentiel de la foi chrétienne. Cet enseignement essentiel tient de la révélation de Dieu en Jésus Christ. Nous enseignons ce que le Christ nous a enseigné : ce que Dieu veut que nous fassions et comment nos vies peuvent lui être agréables. Par conséquent,

> il appartient à l'Église d'annoncer en tout temps et en tout lieu les principes de la morale, même en ce qui concerne l'ordre social, ainsi que de porter un jugement sur toute réalité humaine, dans la mesure où l'exigent les droits fondamentaux de la personne humaine ou le salut des âmes (canon 747, alinéa 2).

En tant que chrétiens, nous devons donc chercher à exercer une influence sur les politiques gouvernementales. Même si nous nous préoccupons d'abord du royaume de Dieu, nous ne devons pas nous isoler du monde qui nous entoure. (Voir également la question 30.)

57. Est-ce que le droit canon clarifie la notion de l'infaillibilité papale?

Ce dogme pose problème pour bien des gens. Pour mieux le comprendre, essayez de lire quelques bons ouvrages de théologie catholique, par exemple le *Catéchisme de l'Église catholique*, l'encyclique *Mystici Corporis Christi* de Pie XII et la Constitution pastorale *Gaudium et Spes* sur l'Église dans le monde de ce temps, proclamée au concile Vatican II.

Cela dit, le droit présente quelques énoncés qui clarifient la notion de l'infaillibilité papale.

Le pape jouit de l'infaillibilité dans le magistère lorsque, « par un acte décisif », il enseigne « une doctrine à tenir sur la foi ou les mœurs » (canon 749, alinéa 1). Autrement dit, l'enseignement du pape n'a pas toujours le sceau de l'infaillibilité. Il faut qu'il précise clairement que son enseignement a le caractère d'un énoncé décisif. Par exemple, en 1954, quand le pape Pie XII a proclamé que Marie avait été élevée au ciel après sa mort, il a déclaré : « Nous proclamons, déclarons et définissons que c'est un dogme divinement révélé que Marie, l'Immaculée Mère de Dieu, toujours vierge, à la fin du cours de sa vie terrestre, a été élevée en âme et en corps à la gloire céleste. »

Le Collège des évêques jouit lui aussi de l'infaillibilité dans le magistère (canon 749, alinéa 2). Lorsqu'ils sont assemblés en concile œcuménique, les évêques peuvent déclarer « pour l'Église tout entière qu'il faut tenir de manière définitive une doctrine qui concerne la foi ou les mœurs ». Et même en dehors des conciles œcuméniques, si les évêques s'entendent sur un enseignement, en communion avec le pape, cet enseignement peut être déclaré infaillible, de manière définitive.

Pour éviter toute confusion à ce sujet, le droit canon précise : « Aucune doctrine n'est considérée comme infailliblement définie que si cela est manifestement établi » (canon 749, alinéa 3).

58. Qu'est-ce qu'une hérésie et quelles en sont les conséquences?

« On appelle hérésie la négation obstinée, après la réception du baptême, d'une vérité qui doit être crue de foi divine et catholique » (canon 751). Il faut noter que le droit canon associe à l'hérésie, non pas les enseignements erronés, mais le refus de croire à un enseignement vrai. Par conséquent, une personne non baptisée ne saurait être hérétique. L'hérésie se manifeste habituellement comme une proclamation publique d'un enseignement contraire à un enseignement essentiel de la foi chrétienne. L'hérésie est le fait d'une personne baptisée qui refuse de croire ce qui est vrai, même après qu'on lui ait expliqué cette vérité.

Il convient d'établir une distinction entre une hérésie et une erreur théologique. Nous, les humains, nous efforçons de comprendre le divin. Tant les laïcs que les clercs commettent des erreurs théologiques. Une erreur théologique peut être corrigée. Si elle ne l'est pas, et qu'elle touche à un enseignement chrétien essentiel que les fidèles sont tenus de croire, elle devient une hérésie.

Une personne qui verse dans l'hérésie s'expose à une excommunication. Si une personne enseigne sciemment quelque chose qui est contraire aux principes fondamentaux de la foi chrétienne, elle se coupe de la communion avec l'Église catholique. Les soupçons d'hérésie donnent lieu à une enquête menée par un organisme du Vatican appelé Congrégation pour la doctrine de la foi.

59. Une personne qui adhère à une autre religion s'expose-t-elle à une pénalité?

L'abandon de la foi chrétienne est appelé *apostasie*. L'apostasie est « le rejet total de la foi chrétienne » (canon 751). La *répudiation* est définie comme un rejet ou une négation volontaire. Pour être apostat, il faut être un chrétien baptisé (voir la question 12 au 2e chapitre).

L'adhésion à une autre religion ne constitue pas nécessairement une apostasie. Certaines personnes malavisées peuvent ne voir aucun conflit entre le christianisme et une autre religion qui les attire. Elles estiment qu'en adhérant à une autre religion elles demeurent chrétiennes. Il ne s'agit pas là d'une apostasie. De même, si un catholique adhère à une autre confession chrétienne, même avec l'intention d'abandonner la foi catholique, il commet un péché mais non une apostasie.

L'apostasie, « le rejet total de la foi chrétienne », entraîne une excommunication automatique. L'acte d'apostasie entraîne lui-même l'excommunication, sans que les autorités de l'Église aient à intervenir. Pour revenir à la foi chrétienne, l'apostat doit renoncer à son erreur, en faire la confession et faire annuler l'excommunication dont il est frappé. Tant qu'il n'a pas accompli ces actes, il ne peut bénéficier du ministère de l'Église.

Si un catholique adhère à une autre confession chrétienne, il n'est pas excommunié, puisqu'il n'a pas commis une apostasie. Par contre, sa décision a des incidences semblables à une apostasie : il ne peut recevoir la sainte communion tant qu'il ne revient pas officiellement à l'Église en se soumettant à une confession et à une profession de foi.

60. Qu'est-ce qu'un schisme? En quoi un schisme diffère-t-il d'une hérésie ou d'une apostasie?

Le canon 751 définit un schisme comme « le refus de soumission au Pontife suprême ou de communion avec les membres de l'Église qui lui sont soumis ». L'hérétique nie de façon obstinée un enseignement de l'Église. L'apostat, lui, rejette totalement la foi chrétienne. Le schismatique ne rejette pas et ne nie pas l'enseignement de l'Église. Mais il refuse de se soumettre au Pontife suprême.

Un exemple de schisme bien connu nous est fourni par Mgr Lefebvre et ses disciples. Cet archevêque a consacré quatre évêques contre la volonté expresse du pape Jean-Paul II. Par la suite, l'Église a déclaré excommuniés, pour cause de schisme, Mgr Lefebvre, les quatre évêques qu'il avait consacrés et les fidèles qui adhéraient à leur mouvement.

Une personne peut également devenir schismatique en refusant la communion avec les membres de l'Église soumis au Pontife romain. Supposons, par exemple, qu'un prêtre refuse de reconnaître l'autorité de son évêque diocésain et fonde une paroisse sans la permission de l'évêque. Si ce prêtre persiste dans son refus de soumettre sa paroisse à l'autorité légitime de l'évêque diocésain, l'Église peut juger ce prêtre et ceux qui font partie de sa paroisse coupables de schisme.

Selon le canon 1364, alinéa 1, les personnes schismatiques encourent une excommunication automatique.

61. Quelle réponse les catholiques sont-ils tenus de donner aux enseignements de l'Église?

Il y a plusieurs façons de répondre aux enseignements de l'Église, selon l'importance de chaque enseignement. Les catholiques sont tenus de croire aux articles de foi essentiels (canon 750). Même si nous ne comprenons pas logiquement un enseignement (par exemple, l'Incarnation ou la Sainte Trinité), nous pouvons en connaître la vérité par la foi. Il y a des choses auxquelles « on doit croire ». Sans ces articles de foi, personne n'est considéré comme catholique.

Les catholiques peuvent également répondre à un enseignement de l'Église en reconnaissant que cet enseignement est juste et véridique (canon 752). Ils doivent alors agir en conséquence. Par exemple, la culture d'embryons aux fins de la recherche sur les cellules souches est inacceptable, et les catholiques doivent donc s'abstenir de participer à toute recherche en cette matière.

Certains aspects de l'enseignement catholique appellent l'assentiment et un agir conforme. Le chrétien doit éviter le péché. Les fidèles qui ne cherchent pas à éviter le péché ne peuvent se considérer comme catholiques, ni même comme chrétiens.

Certains enseignements de l'Église, dont les fidèles doivent reconnaître la valeur, ne commandent aucun agir particulier (canon 753). Par exemple, une conférence des évêques catholiques peut déclarer qu'une émission de télévision donnée est préjudiciable pour les chrétiens. Un catholique doit reconnaître publiquement cet enseignement. Mais chaque personne peut tirer ses propres conclusions.

Enfin, tous les catholiques sont tenus de respecter les décisions courantes de leur évêque et des prêtres qui appliquent localement l'enseignement de l'Église.

62. Pourquoi avons-nous un évêque diocésain, si c'est le pape que nous devons écouter?

Le Christ a confié à Pierre le mandat d'administrer l'Église en collaboration avec les autres apôtres. L'Église en est arrivée à comprendre qu'il s'agit là de deux expressions de la même Église, déployées sur les plan local et universel. Le droit canon précise : « En ce qui concerne l'Église tout entière, la charge d'annoncer l'Évangile est confiée principalement au Pontife romain et au Collège des évêques » (canon 756, alinéa 1). Et, « en ce qui concerne l'Église particulière qui lui est confiée, chaque évêque y exerce cette charge en tant qu'il y est le modérateur de tout le ministère de la parole » (canon 756, alinéa 2).

Le pape tient son autorité de la mission confiée à Pierre par le Christ. Cependant, cette mission s'exerce en communion avec les évêques du monde entier. On ne saurait considérer le pape comme un PDG (président-directeur général) et les évêques comme des directeurs de succursales. En ce qui a trait à la prédication et à l'enseignement, le pape et les évêques doivent être considérés comme des pairs, le pape, en tant que responsable de l'Église universelle, jouissant de prérogatives spéciales.

L'Église locale a des besoins pressants que le pape ne connaît pas ou dont il ne peut s'occuper. Ces besoins locaux n'entrent pas dans son mandat. L'évêque a le pouvoir de proclamer l'Évangile et de voir aux besoins de l'Église dans sa région.

63. Une personne laïque peut-elle prononcer une homélie?

Une personne laïque peut prêcher, mais ne peut pas prononcer une homélie.

Le canon 766 explique que « les laïcs peuvent être admis à prêcher dans une église ou un oratoire si le besoin le requiert en certaines circonstances ou si l'utilité le suggère dans des cas particuliers ». Dans certaines régions du monde où il n'y a pas assez de prêtres ou de diacres, les laïcs peuvent être autorisés à prêcher. Par exemple, dans le Nord canadien, on peut manquer de prêtres ou de diacres capables de parler les langues autochtones. Lorsque les fidèles se réunissent pour la Liturgie de la Parole, accompagnée ou non d'une distribution de la communion, une personne laïque désignée peut prêcher.

À certaines occasions, les laïcs peuvent être appelés à exprimer leurs idées pendant la messe. Par exemple, un membre du comité des questions économiques peut prendre la parole avant ou après la messe.

L'homélie est une forme de prédication, mais elle est « réservée au prêtre ou au diacre » (canon 767, alinéa 1). En vertu de leur ordination, les clercs (c'est-à-dire les évêques, les prêtres et les diacres) ont la responsabilité de proclamer l'Évangile et de prononcer des homélies. L'homélie est le moment où les fidèles reçoivent l'enseignement des mystères de la foi de la part des pasteurs de l'Église.

La messe du dimanche et des jours de fête d'obligation doit comprendre une homélie, qui ne peut être omise que pour des raisons graves (canon 767, alinéa 2). Le droit recommande fortement également qu'une homélie soit prononcée au cours des messes célébrées en semaine (canon 767, alinéa 3).

64. Est-ce que le curé de ma paroisse est d'abord responsable de nous enseigner la foi catholique, à ma famille et à moi?

La responsabilité de l'enseignement de la foi chrétienne appartient à tous les baptisés. Cependant, le droit canon identifie un certain nombre de personnes à qui incombent des devoirs spéciaux à cet égard.

Les parents et les parrains. Le canon 774, alinéa 2, explique que « les parents en tout premier lieu sont tenus par l'obligation de former, par la parole et par l'exemple, leurs enfants dans la foi et la pratique de la vie chrétienne ». Les parrains catholiques assument également cette responsabilité. La responsabilité spéciale des parents ne s'arrête pas à l'inscription de leurs enfants dans une école catholique.

L'évêque. L'évêque diocésain est responsable de l'établissement de normes pour l'instruction catéchétique (l'instruction religieuse). Il doit voir à ce que les ressources nécessaires soient disponibles dans son diocèse et doit préparer, si cela est nécessaire ou possible, un « catéchisme », c'est-à-dire un manuel qui présente des aspects de notre foi (canon 775, alinéa 1). L'évêque doit également voir à ce que des efforts soient déployés pour l'avancement de l'instruction catéchétique dans son diocèse.

Le curé. Le curé est « tenu en vertu de sa charge de veiller à la formation catéchétique des adultes, des jeunes et des enfants » (canon 776). Avec la collaboration d'autres clercs, de religieux et de religieuses, il doit se consacrer à des tâches d'instruction religieuse. Les clercs, religieux et religieuses sollicités ne doivent pas se refuser « à apporter volontiers leur aide ». Enfin, le curé doit rappeler aux parents leur responsabilité à l'égard de la formation de leurs enfants dans la foi et la vie chrétiennes, et leur apporter son aide dans cette fonction.

Chapitre 8

Les écoles et les universités catholiques

65. Quel est le rôle de l'Église dans l'éducation catholique?

Les parents ont le devoir et le droit d'éduquer leurs enfants (canon 793, alinéa 1). Ils doivent envoyer leurs enfants dans les écoles où est donnée une éducation catholique (canon 798). Si les enfants ne fréquentent pas une école catholique, les parents doivent leur fournir une éducation catholique à l'extérieur de l'école. Dans certains diocèses où il n'y a pas d'écoles catholiques, les paroisses offrent une certaine éducation catholique limitée aux enfants. La responsabilité de cette éducation incombe toutefois aux parents.

Tout comme les parents, l'Église non seulement a le devoir mais elle revendique le droit d'offrir une éducation catholique (canon 794). Les pasteurs sont tenus de rendre l'éducation catholique accessible à tous les fidèles.

« L'Église a le droit de fonder et de diriger des écoles de toute discipline, genre et degré » (canon 800, alinéa 1).

Rien n'exige que la science et la religion soient enseignées séparément. L'enseignement catholique en matière de foi et de morale ne peut passer sous silence les grands enjeux contemporains de notre pays et du monde. L'éducation catholique vise à transmettre des connaissances dans le contexte de la foi. Elle constitue une méthode d'instruction unique, à tous les niveaux, de l'école primaire jusqu'aux institutions post-secondaires.

66. Notre curé visite rarement notre école primaire. Est-il tenu de le faire?

Aucune disposition du *Code de Droit canonique* n'exige *explicitement* qu'un curé visite une école associée à sa paroisse. Mais de nombreux canons du *Code* le demandent implicitement.

Le canon 777 explique que le curé doit voir à « ce que soit donnée une catéchèse adaptée en vue de la célébration des sacrements » (alinéa 1) et que les enfants soient dûment préparés à recevoir pour la première fois les sacrements de pénitence et de l'eucharistie ainsi que la confirmation. Même une fois que les enfants ont fait leur première communion, le droit canon exige que le curé leur donne « une formation catéchétique de plus en plus riche et profonde » (alinéa 3). C'est souvent l'école catholique qui offre la catéchèse. Il apparaît donc nécessaire que le curé visite fréquemment l'école afin de soutenir et d'enrichir l'éducation religieuse que les professeurs y transmettent.

L'évêque diocésain est investi du « droit de veiller sur les écoles catholiques situées sur son territoire et de les visiter » (canon 806, alinéa 1). L'évêque peut également « édicter des dispositions concernant l'organisation générale des écoles catholiques ». Il doit aussi voir à ce que les écoles catholiques offrent un enseignement qui soit « du moins au même niveau que dans les autres écoles de la région » (canon 806, alinéa 2).

67. Il n'y a pas d'école catholique dans notre diocèse. Qui est responsable de l'établissement de telles écoles?

Il convient de louer l'Église catholique pour les initiatives qu'elle a prises en matière d'éducation. Les premières écoles ont été créées d'abord en vue d'une éducation religieuse, mais bien des régions du monde n'auraient tout simplement pas eu de réseau d'écoles sans l'Église. Il y a tout de même des régions qui sont encore dépourvues d'écoles catholiques et d'autres qui, pour quelque raison, ont fermé leurs écoles catholiques. Or, là où « il n'y a pas d'école où est donnée une éducation imprégnée d'esprit chrétien, il appartient à l'évêque diocésain de veiller à ce qu'il en soit fondé » (canon 802, alinéa 1).

Il existe une circonstance qui dégage l'évêque diocésain de cette responsabilité. S'il se trouve dans son diocèse des écoles « imprégnées d'esprit chrétien », ces écoles peuvent suffire à l'éducation des enfants catholiques. Or, de telles écoles sont bien rares. Les pays occidentaux pratiquent une nette séparation de l'Église et de l'État, et les institutions d'éducation publique y sont devenues hostiles à tout relent de religion.

La responsabilité qu'a l'évêque diocésain d'établir des écoles ne s'arrête pas aux écoles primaires et secondaires. Le droit canon exige également qu'il veille « à ce que soient fondées aussi des écoles professionnelles et techniques, et d'autres qui seraient requises par des besoins particuliers » (canon 802, alinéa 2).

68. Qui détermine le programme d'études de notre école catholique?

Lorsqu'une école catholique assume la responsabilité de la formation et de l'éducation dans la religion catholique, elle doit s'en remettre aux directives établies par les autorités de l'Église. L'évêque est le premier enseignant de la foi dans son diocèse. C'est lui qui réglemente et surveille la formation et l'éducation catholiques dans chaque école.

Le droit prévoit également un rôle de surveillance envers les écoles non catholiques :

> L'Ordinaire du lieu veillera à ce que les maîtres affectés à l'enseignement de la religion dans les écoles, même non catholiques, se distinguent par la rectitude de la doctrine, le témoignage d'une vie chrétienne et leur compétence pédagogique (canon 804, alinéa 2).

Les évêques d'un même pays peuvent travailler de concert pour produire des lignes directrices sur la formation et l'éducation des élèves, de même que des ressources qui appuient l'école catholique dans cette tâche. Cependant, étant donné les changements importants sur les plans scientifique et social que nous connaissons, et notamment en matière d'éthique médicale et de moralité, les enseignants catholiques devront peut-être se mettre en quête de ressources leur permettant de clarifier les perspectives catholiques. Les enseignants catholiques doivent consulter les experts des questions religieuses nommés par le conseil scolaire, leur curé et leur évêque. Le diocèse peut établir certains centres, tels qu'un office de la famille ou une commission d'experts pour aider les enseignants.

69. Un professeur de notre école primaire transmet des enseignements contestables. Que pouvons-nous faire?

L'évêque diocésain, ou encore un vicaire général ou épiscopal, a le droit de nommer, d'approuver les nominations ou de relever de leurs fonctions les professeurs de religion. Les « professeurs d'enseignement religieux » sont des professeurs qui ont la responsabilité, au sein du programme d'études, d'enseigner des aspects de la foi catholique.

Le droit canon explique : « les maîtres se distingueront par la rectitude de la doctrine et la probité de leur vie » (canon 803, alinéa 2). Si un enseignant s'éloigne de la « rectitude de la doctrine », il peut perdre son emploi. Il faut, comme dans la société séculière, aviser d'abord ce professeur du problème et lui donner la chance de corriger le contenu de son enseignement. Mais s'il persiste, il pourra être renvoyé.

Si dans sa vie personnelle un professeur s'écarte de la moralité catholique, il peut perdre son poste de professeur de religion. Le droit canon et les lois civiles exigent qu'il soit d'abord avisé et se voie offrir la chance de corriger son comportement. Le renvoi d'un employé est une mesure difficile à prendre, mais l'Église doit voir à ce que les enfants et les jeunes reçoivent un enseignement catholique adéquat, de la part de personnes qui donnent un bon exemple de vie chrétienne.

70. Comment puis-je savoir si une université catholique est bel et bien catholique dans son enseignement et le comportement de ses membres?

Une université se voit décerner le titre d'université *catholique* par un décret officiel d'une autorité de l'Église, en général un évêque. De telles universités ont normalement été fondées par un diocèse ou une congrégation religieuse.

Ce qui fait la force d'une université ou d'un collège catholique, ce sont ses professeurs. Le droit canon stipule que ces hommes et ces femmes doivent être des personnes qui, « outre leur capacité scientifique et pédagogique, se distinguent par l'intégrité de la doctrine et la probité de leur vie » (canon 810, alinéa 1). Si ces conditions viennent à manquer, le professeur doit être écarté de sa charge. Le professeur doit être non seulement compétent dans la matière qu'il enseigne, mais il doit vivre chrétiennement.

Une tension a toujours existé entre la liberté de recherche universitaire et l'adhésion à la révélation divine. Une telle tension se profile, par exemple, à propos du clonage génétique. L'université catholique doit trouver le moyen de respecter ces deux disciplines que sont la science et la religion. Dans cette perspective, l'université catholique a beaucoup à offrir.

Le document *Ex corde ecclesiae*, publié par le Vatican en 1990, établit que les professeurs de toutes les universités qui portent le titre de *catholique* doivent être reconnus par l'évêque local (ou son équivalent). Si une université ne se conforme pas à cette exigence, elle peut perdre son titre de *catholique*.

71. J'AI ENTENDU AUSSI L'EXPRESSION « UNIVERSITÉ PONTIFICALE ». S'AGIT-IL DE LA MÊME CHOSE QU'UNE UNIVERSITÉ CATHOLIQUE?

Les universités catholiques peuvent offrir une vaste gamme de programmes d'études — par exemple, en administration, en art, en science, en génie, et ainsi de suite. Les universités ecclésiastiques ou pontificales offrent des programmes d'études qui répondent aux besoins immédiats de l'Église. Le droit canonique, par exemple, est une discipline spécifique de l'Église. De même, la théologie catholique.

Si vous faites des études en administration des affaires, vous pouvez décrocher un baccalauréat, puis une maîtrise et enfin un doctorat. L'Église respecte une structure similaire. Les premières années d'études en théologie sont couronnées par un baccalauréat, le niveau supérieur mène à une licence (ou une maîtrise) et enfin ceux qui poursuivent au-delà de la licence (ou de la maîtrise) peuvent se rendre jusqu'au doctorat. Seules les universités et facultés ecclésiastiques peuvent décerner des diplômes ecclésiastiques.

C'est le pape qui établit des universités et des facultés ecclésiastiques. C'est pourquoi certaines universités ecclésiastiques sont appelées universités pontificales. Étant donné la nature des études poursuivies dans une université ecclésiastique, c'est le Vatican qui réglemente ces institutions. Chaque université ou faculté ecclésiastique doit faire approuver ses programmes d'études par le Vatican.

72. À une certaine époque, les ouvrages catholiques devaient être approuvés avant d'être publiés. Est-ce encore le cas aujourd'hui?

Si un livre ou une autre publication a pour objet l'enseignement de la foi catholique, il est soumis à un examen avant d'être publié. Le droit canon explique que cette permission est octroyée par l'ordinaire local (un évêque ou un vicaire général) en fonction de l'opinion émise par un censeur (canons 824 et 830).

Dans chaque diocèse, il y a un censeur nommé pour porter un jugement sur les livres (canon 830). Pour aider les petits diocèses qui n'ont peut-être pas à leur disposition une personne compétente pour examiner les textes théologiques, les évêques d'un pays peuvent approuver une liste de censeurs auxquels ces diocèses peuvent faire appel, ou encore ils peuvent désigner une équipe d'experts.

Un censeur doit fournir une opinion écrite à la personne qui lui a demandé d'examiner un livre. Si le censeur recommande la publication de ce livre, l'ordinaire local inscrit son nom dans le livre pour signifier qu'il en approuve la publication. Si le censeur ne peut recommander la publication du livre, l'ordinaire local doit donner à l'auteur les raisons du refus d'approbation.

Cette pratique a été en grande partie abandonnée. Toutefois, si vous voulez vous assurer que le contenu d'un livre est conforme à l'enseignement de l'Église, cherchez l'*imprimatur*, donné habituellement par un évêque, et qui est inscrit dans les premières pages du livre. Vous y trouverez parfois même le nom du censeur.

73. Les catholiques sont-ils tenus de lire certaines traductions particulières de la Bible?

Les livres de l'Ancien et du Nouveau Testament ont été écrits dans diverses langues, mais surtout en hébreu et en grec. Chaque fois que l'Église a eu affaire à une langue nouvelle, elle a dû fournir une nouvelle traduction de la Bible.

Comme les Saintes Écritures constituent le fondement sur lequel est construite l'Église, celle-ci tient, bien sûr, à ce que les catholiques du monde entier aient en main une traduction adéquate de ces textes. Les Saintes Écritures ont inspiré et continuent d'inspirer la tradition de l'Église. Les évêques, les prêtres, les diacres, les biblistes, les théologiens et autres experts ont besoin de traductions fidèles pour leurs méditations, leurs recherches et leurs décisions qui ont des incidences sur la vie des chrétiens dans le monde moderne.

Les traductions de la Bible servent dans deux contextes : le contexte public du culte et le contexte privé de la prière ou de l'étude. Le droit canon exige que toute traduction proposée des Saintes Écritures soit approuvée par le Vatican ou une conférence épiscopale (canon 825). Depuis la rédaction du *Code de Droit canonique*, le Vatican s'est réservé le droit d'approuver les traductions de la Bible aux fins du culte public.

74. Notre paroisse peut-elle publier son propre recueil de prières?

Lex orandi, lex credendi : cette ancienne maxime latine signifie « notre façon de prier doit refléter notre façon de croire ». Il est merveilleux de voir des fidèles découvrir une prière qui stimule leur foi et leur dévotion.

L'Église dispose d'un riche trésor de prières transmises par le Christ et les saints. Certaines de nos prières traduisent notre foi depuis les premiers temps de l'Église. Certaines nous viennent directement des Saintes Écritures. D'autres, telles que le rosaire, ont été créées au cours de l'histoire du christianisme. Ces prières « traditionnelles » ont traversé l'épreuve du temps. Elles expriment notre foi en Dieu.

Encore aujourd'hui, l'expérience de la foi suscite de nouvelles prières. Certaines paroisses ont des prières pour les missions paroissiales. Les groupes de prière créent tout naturellement de nouvelles formulations dans l'exercice même de la prière. L'Église valorise ce foisonnement des formes de louange.

Il arrive qu'une communauté paroissiale ou un groupe de prière décide de publier un recueil de prières. Certaines de ces prières peuvent s'écarter de la doctrine de notre foi, puisque les fidèles, animés de bonnes intentions, peuvent commettre des erreurs théologiques. Un livre de prières destiné à être diffusé doit donc recevoir l'approbation préalable de l'évêque ou du vicaire général du diocèse. À l'obligation des responsables du recueil de faire approuver leur publication correspond l'obligation des autorités diocésaines d'examiner un tel projet de publication.

Chapitre 9

Le baptême

75. Que dit le droit canon à propos du baptême?

Le canon 849 précise la pensée de l'Église :

> Le baptême, porte des sacrements, nécessaire au salut, qu'il soit reçu en fait ou du moins désiré, par lequel les êtres humains sont délivrés de leurs péchés, régénérés en enfants de Dieu, et, configurés au Christ par un caractère indélébile, sont incorporés à l'Église, n'est conféré validement que par le bain d'eau véritable accompagné de la formule requise.

Il s'agit donc, comme on peut le constater, d'un canon théologique. Un certain nombre de grandes vérités théologiques y sont exprimées à propos du sacrement du baptême. Par exemple, le baptême est la « porte des sacrements ». Cela signifie qu'il faut recevoir le baptême avant de pouvoir légalement (et validement) recevoir les autres sacrements. La vie sacramentelle au sein de l'Église commence donc par la réception du baptême.

Par ailleurs, le baptême imprime dans l'âme un « caractère indélébile ». Cela veut dire qu'une fois baptisée, une personne est baptisée pour la vie. Il n'est pas possible qu'une personne soit « débaptisée ». Et le baptême ne peut être répété, une fois reçu validement, car par le baptême une personne devient chrétienne et est incorporée dans l'Église universelle. Le baptême, ou le désir (implicite ou explicite) du baptême est donc nécessaire au salut.

Enfin, notons qu'on ne peut utiliser que de l'eau véritable pour le baptême, en prononçant la formule baptismale requise : « Je te baptise, au nom du Père, du Fils et du Saint-Esprit. »

76. Qui peut baptiser un petit enfant qui se trouve en danger de mort?

L'Église ne veut pas que quiconque franchisse les portes de l'au-delà sans avoir reçu la grâce du baptême. Le canon 867, alinéa 2, précise qu'un enfant se trouvant en danger de mort doit être « baptisé sans aucun retard ». Il n'est pas nécessaire d'être un prêtre ou un diacre pour baptiser. Lorsqu'un petit enfant est en danger de mort, un catholique, un chrétien baptisé et même une personne non baptisée peut baptiser validement cet enfant. Il faut simplement que la personne qui baptise ait l'intention de faire ce qu'exige l'Église, qu'elle utilise de l'eau véritable, et qu'elle prononce les paroles : « Je te baptise, au nom du Père, du Fils et du Saint-Esprit. »

S'il y a une possibilité que l'enfant soit en danger de mort, il faut procéder à un baptême d'urgence. En outre, si les personnes présentes ont des raisons de douter sérieusement que l'enfant soit encore vivant, celle qui baptise doit utiliser la formule pour les baptêmes sous condition : « Si tu es en vie, je te baptise au nom du Père et du Fils et du Saint-Esprit. »

En outre, l'obligation canonique de baptiser en situation d'urgence s'applique aux fœtus avortés. L'Église s'oppose catégoriquement à l'avortement qu'elle considère comme une faute grave, mais les victimes d'avortements doivent être baptisées si jamais cela est possible. Comme le dit le canon 871 : « S'ils sont vivants, les fœtus avortés seront baptisés dans la mesure du possible. »

77. Pour qu'un enfant soit baptisé, de qui faut-il obtenir le consentement? de l'enfant lui-même? de ses parents? de l'enfant et de ses parents à la fois?

Pour être baptisée, une personne adulte doit donner son consentement au baptême. Comme un petit enfant n'a pas l'usage de la raison nécessaire à un tel consentement, ce sont ses parents ou ses tuteurs légaux qui consentent à sa place. Ces deux scénarios sont clairs pour tout le monde.

Mais s'il s'agit d'un enfant qui a atteint l'âge de raison? Le premier alinéa du canon 852 établit que « ce qui est prescrit par les canons sur le baptême des adultes s'applique à tous ceux qui, sortis de l'enfance, sont parvenus à l'usage de la raison ». Par conséquent, un enfant qui a atteint l'âge de raison et qui est encore mineur doit donner son consentement avant de recevoir le baptême. Selon le canon 97, à l'âge de sept ans accomplis, l'enfant est présumé avoir l'usage de la raison.

Mais si un enfant, qui a sept ans accomplis, souffre d'un handicap mental ou cognitif qui le prive de l'usage de la raison? Si, par exemple, l'enfant est atteint du syndrome de Down (trisomie 21)? Le deuxième alinéa du canon 852 précise : « Qui n'est pas maître de lui est assimilé à l'enfant, même pour ce qui a trait au baptême. » Dans de tels cas, le consentement des parents ou du tuteur légal est donc nécessaire.

78. Faut-il recevoir une formation catéchétique avant de recevoir le baptême?

Cela dépend. Selon le canon 851, alinéa 1 « l'adulte qui a l'intention de recevoir le baptême sera admis au catéchuménat et, dans la mesure du possible, sera conduit par les divers degrés à l'initiation sacramentelle ». Le catéchuménat est une démarche de catéchèse, de prière et de discernement, où les responsables initient le catéchumène à la foi chrétienne et vérifient sa détermination. Bien sûr, si la personne se trouve en danger de mort ou contrainte par une autre grave nécessité, la démarche sera raccourcie et le candidat adulte recevra le baptême sans tarder.

Un petit enfant ne peut pas, certes, être soumis à une catéchèse et à une démarche de discernement comme un adulte désirant le baptême catholique. C'est pourquoi, poursuit le canon 851, « les parents de l'enfant à baptiser, ainsi que les personnes qui vont assumer la charge de parrains, seront dûment instruits de la signification de ce sacrement et des obligations qu'il comporte ». Les parents et les parrain et marraine recevront une formation non seulement sur le sacrement du baptême, mais aussi sur leur obligation d'élever l'enfant dans la foi catholique.

79. Mais qu'en est-il des personnes souffrant d'un handicap mental et cognitif? Le droit canon prévoit-il une obligation pour les curés de catéchiser les personnes qui ont des besoins spéciaux?

Le canon 777 offre une réponse appropriée à cette question :

> En observant les règles établies par l'évêque diocésain, le curé veillera particulièrement [...] à ce que soit donnée une catéchèse adaptée en vue de la célébration des sacrements (alinéa 1) [...] à ce que soit donnée aussi une formation catéchétique à ceux qui sont handicapés de corps ou d'esprit, autant que leur condition le permet (alinéa 4).

En somme, le curé d'une paroisse doit voir à ce que les catholiques ayant des besoins particuliers bénéficient constamment d'une catéchèse, dans la mesure où ils en sont capables. Ces personnes ne seront peut-être pas aptes, bien sûr, à comprendre ou à retenir le même niveau des enseignements de l'Église que d'autres fidèles de leur âge. Souvent même, il faudra leur répéter les éléments de base de la catéchèse plusieurs fois au cours de leur vie. Cependant, le concile Vatican II appelle tous les catholiques, y compris les catholiques ayant des besoins particuliers, à vivre une vie de sainteté et à approfondir leur connaissance de la foi catholique.

80. Les parents sont-ils obligés de prendre le nom d'un saint comme nom de baptême de leur enfant?

Il s'agit là d'une pratique pieuse qui est encore en vogue dans de nombreuses parties du monde, mais ce n'est plus une exigence du droit canon. Cela ne veut pas dire qu'on puisse donner n'importe quel nom à un enfant. Le canon 855 énonce une consigne claire à ce sujet : « Les parents, les parrains et le curé veilleront à ce que ne soit pas donné de prénom étranger au sens chrétien. »

L'obligation de choisir un nom conforme à la foi chrétienne incombe aux parents, aux parrains et aux curés. Le répertoire des saints offre un vaste bassin de noms, mais il y a aussi d'autres noms qui peuvent être conformes au sens chrétien.

81. Le baptême doit-il être célébré un dimanche ou durant la veillée pascale? Peut-on le célébrer un jour de semaine?

Le canon 856 répond à cette question : « Bien que le baptême puisse être célébré n'importe quel jour, il est néanmoins recommandé de le célébrer habituellement le dimanche ou, si cela est possible, au cours de la veillée pascale. » Le dimanche est le jour où Notre Seigneur est ressuscité d'entre les morts. Or le baptême symbolise notre mort et notre résurrection avec le Christ. La célébration du baptême un dimanche symbolise donc bien cette relation. De même, la veillée pascale est un moment particulièrement approprié, puisque les fidèles y célèbrent par anticipation la résurrection du Christ.

Il s'agit là cependant de simples recommandations de l'Église. Le droit canon ne nous oblige aucunement à administrer le baptême un dimanche ou durant une veillée pascale. Le canon dit bien que le baptême peut être célébré n'importe quel jour.

Bien sûr, sauf s'il y a danger de mort, ou en cas de nécessité grave, la date du baptême devrait convenir à la fois aux parents, aux parrain et marraine et au curé.

82. L'enfant doit-il être baptisé dans une église? Est-ce que la cérémonie peut avoir lieu dans une maison?

Le premier alinéa du canon 857 répond clairement à cette question : « En dehors du cas de nécessité, le lieu propre du baptême est une église ou un oratoire. » Le *Code de Droit canonique* évite délibérément de définir l'expression *en cas de nécessité*, puisque bien des scénarios peuvent se produire, que le droit canon ne peut prévoir. L'interprétation est donc laissée à la personne qui peut être appelée à baptiser dans un cas de nécessité.

Le baptême est un acte public de la liturgie de l'Église. La personne qui reçoit le baptême est accueillie publiquement dans la communion du Christ et de l'Église. Le lieu le plus convenable pour la célébration du baptême est une église ou un oratoire, puisque ce sont des lieux sacrés réservés à la liturgie de l'Église.

C'est ce principe qu'énonce le premier alinéa du canon 860 : « Sauf cas de nécessité, le baptême ne sera pas conféré dans les maisons privées, à moins que l'Ordinaire du lieu ne l'ait permis pour une cause grave. » Dans le langage canonique, l'ordinaire du lieu est l'évêque diocésain, le vicaire général ou un vicaire épiscopal ayant autorité sur la personne présentée au baptême. C'est à l'ordinaire du lieu qu'il revient de décider si la situation représente une cause suffisamment grave.

83. Je veux devenir catholique. J'ai été baptisé et confirmé dans l'Église méthodiste. Est-ce que je dois recevoir à nouveau le baptême et la confirmation?

Certains sacrements ne sont pas conférés deux fois. Les sacrements du baptême, de la confirmation et de l'ordre laissent une marque indélébile dans l'âme. Le *Code de Droit canonique* dit qu'ils « impriment un caractère » (canon 845, alinéa 1). Ce que cela signifie, c'est que les personnes qui ont reçu ces sacrements sont transformées à un point tel qu'il est simplement inutile qu'elles les reçoivent de nouveau. Cela est même interdit, de fait.

La plupart des confessions protestantes célèbrent le baptême de manière valide. Ce qui veut dire qu'elles baptisent avec de l'eau, au nom du Père, du Fils et de l'Esprit Saint. Les personnes qui baptisent chez les protestants comprennent bien ce qu'est la Sainte Trinité et ont l'intention de conférer le baptême. Le baptême est donc célébré de la même façon que dans l'Église catholique, et il est valide. Une fois que le baptême a été célébré de manière valide, il ne doit pas être répété.

Pour la confirmation, la situation est différente. Pour que la confirmation soit valide, il faut que soit utilisée une huile spéciale, appelée saint-chrême, bénie par un évêque. Les confessions protestantes n'utilisent pas cette huile, et donc l'Église catholique ne reconnaît pas le rite que les protestants appellent la « confirmation ». Par conséquent, nous pourrions dire que la plupart des chrétiens non catholiques qui deviennent catholiques n'ont pas à recevoir le baptême mais doivent être confirmés. Pour avoir plus de renseignements sur le sacrement de confirmation, voir le chapitre 10.

84. Je ne peux trouver qu'une seule personne pour être le parrain ou la marraine de mon enfant. Est-ce que le baptême peut avoir lieu dans ces conditions?

Traditionnellement, les parents choisissent deux personnes, habituellement un parrain et une marraine, pour leur enfant. Mais que dit le droit canon? « Dans la mesure du possible, à la personne qui va recevoir le baptême sera donné un parrain auquel il revient d'assister dans son initiation chrétienne » la personne qui se fait baptiser (canon 872); « un seul parrain ou une seule marraine, ou bien aussi un parrain et une marraine seront admis » (canon 873). Si une seule personne est choisie, comme parrain ou marraine, cette personne doit être catholique.

Le droit canon permet la désignation de deux personnes, « un [...] parrain ou une [...] marraine, ou bien aussi un parrain et une marraine » (canon 873), mais il ne prévoit pas la possibilité de désigner plus de deux personnes. Le prêtre ou le diacre qui célèbre le baptême n'a pas à reconnaître plus de deux parrains, un homme et une femme. Dans certaines cultures, la coutume veut que l'on désigne plus de deux parrains. C'est bien, mais dans les registres baptismaux on ne doit inscrire qu'un parrain et une marraine.

85. Qu'exige-t-on d'un parrain ou d'une marraine?

Le droit canon mentionne deux types de personnes désignées pour assister la personne qui est baptisée : les parrains et les témoins. Un parrain ou une marraine doit être catholique, tandis qu'un témoin est un chrétien baptisé dans une autre confession. Cette distinction est établie, puisqu'on ne peut s'attendre à ce qu'un témoin aide l'enfant catholique à grandir dans la foi catholique. L'enfant doit avoir au moins un parrain ou une marraine.

Selon le droit canon, pour qu'un individu soit admis à remplir la fonction de parrain ou de marraine, il faut :

- qu'il ait été choisi par la personne qui va être baptisée, par ses parents ou par ceux qui tiennent leur place;
- qu'il ait seize ans accomplis, à moins que les autorités estiment devoir admettre pour une juste cause une exception. L'Église veut que le parrain ou la marraine soit un modèle, possédant la maturité voulue, et une personne déterminée à mettre en pratique la foi catholique;
- qu'il soit catholique, confirmé, qu'il ait déjà reçu le sacrement de l'Eucharistie et qu'il mène une vie cohérente avec la foi et avec l'enseignement moral de l'Église;
- qu'il ne soit ni le père ni la mère de la personne qui doit être baptisée, puisque les parents ont leur rôle propre à jouer; mais les grands-parents peuvent certainement être désignés comme parrain et marraine.

Le droit canon ne précise pas quelles doivent être les qualités des personnes désignées comme témoins, mais les attentes doivent être similaires à celles mentionnées pour les parrains. Les témoins doivent être baptisés, avoir l'âge requis, pratiquer la foi chrétienne et mener une vie cohérente avec la foi et avec l'enseignement moral de l'Église.

86. Une personne catholique peut-elle être parrain ou marraine de baptême d'une personne protestante?

Puisqu'une personne appartenant à une Église protestante peut être témoin dans un baptême catholique, la loi de l'Église autorise une personne catholique à être parrain ou marraine dans un baptême protestant. Cette autorisation ne se trouve pas énoncée dans le *Code de Droit canonique*, mais dans un autre document important, publié par le Saint-Siège en 1993, le *Directoire pour l'application des principes et des normes sur l'œcuménisme* (Conseil pontifical pour la promotion de l'unité des chrétiens).

Un catholique invité à être parrain d'un protestant agit comme simple témoin au baptême. En fait, un catholique ne peut aider une personne protestante à cheminer dans les voies du protestantisme : il peut simplement être un témoin de la foi chrétienne. Dans cette perspective, un catholique appelé à être témoin à un baptême protestant devrait vérifier si un autre parrain est désigné qui est membre d'une confession protestante, et refuser l'invitation si ce n'est pas le cas.

L'Église catholique a beaucoup plus de choses en commun avec les Églises orthodoxes qu'avec les confessions protestantes. Les Églises orthodoxes ont des prêtres et des évêques ordonnés validement et, à l'instar des catholiques, administrent sept sacrements. Étant donné ces similitudes, une personne de confession orthodoxe peut agir comme parrain ou marraine dans un baptême catholique et vice versa.

Chapitre 10

Le sacrement de confirmation

87. Quel sens le droit canon attribue-t-il fondamentalement au sacrement de confirmation?

Le canon 879 résume l'enseignement fondamental de l'Église concernant le sacrement de confirmation :

> Le sacrement de confirmation, qui imprime un caractère et par lequel les baptisés, poursuivant le chemin de l'initiation chrétienne, sont enrichis du don de l'Esprit Saint et sont plus étroitement liés à l'Église, fortifie ceux-ci et les oblige plus strictement à être témoins du Christ en parole et en acte ainsi qu'à propager et à défendre la foi.

Ce canon exprime un certain nombre de vérités théologiques importantes à propos de ce sacrement. Premièrement, la confirmation est l'un des trois sacrements, avec le baptême et l'ordre, qui impriment un caractère permanent dans l'âme du fidèle. En outre, la confirmation est l'un des trois sacrements de l'initiation chrétienne, les deux autres étant le baptême et la sainte Eucharistie. Une fois seulement qu'il a reçu ces trois sacrements un fidèle est considéré comme ayant été pleinement initié à la foi chrétienne.

Enfin, le but du sacrement de confirmation est de fortifier le fidèle par le don de l'Esprit Saint et lui permettre ainsi d'agir avec plus de force comme témoin de l'Évangile du Christ. La confirmation est donc étroitement liée au baptême, puisqu'elle permet de propager la foi reçue au baptême.

88. Ma fille a été baptisée dans une Église catholique orientale. Pourquoi ne peut-elle pas être confirmée dans l'Église latine, comme les élèves de sa classe?

La pratique des Églises catholiques orientales est d'administrer les trois sacrements d'initiation, le baptême, la chrismation (ou confirmation) et la réception de la sainte Eucharistie, dès la petite enfance. Le certificat de baptême de votre fille dit qu'elle a déjà reçu la confirmation dans une paroisse catholique orientale.

Comme nous l'avons déjà mentionné, la confirmation est un sacrement qui imprime une marque indélébile dans l'âme. Il s'agit là d'un caractère permanent, et le fidèle ne peut le recevoir qu'une seule fois. Le premier alinéa du canon 889 précise expressément : « Seul tout baptisé non encore confirmé est capable de recevoir la confirmation. »

Puisque la plupart des écoles catholiques en Amérique du Nord sont régies par les autorités catholiques latines, les élèves catholiques orientaux peuvent poser un problème pastoral délicat lorsque vient le temps de la confirmation. Personne ne veut se sentir négligé, surtout à cet âge-là. Cependant, la réitération de la confirmation d'un enfant catholique oriental est à la fois non valide et tout à fait illégale.

Comme solution pratique à ce dilemme, bon nombre de canonistes suggèrent que les paroisses catholiques latines invitent les enfants catholiques orientaux à être servants d'autel pendant la cérémonie de confirmation de leurs camarades de classe.

89. Doit-on utiliser une huile spéciale pour le sacrement de confirmation?

On doit effectivement utiliser une huile spéciale, qu'on appelle le saint-chrême. Toute huile végétale pourrait convenir, mais la coutume veut que le saint-chrême soit composé d'huile d'olive et de baume. L'évêque diocésain consacre cette huile le Jeudi Saint, au cours de la messe chrismale.

Voyons ce que dit à ce sujet le deuxième alinéa du canon 880 : « Le chrême à utiliser dans le sacrement de confirmation doit être béni par l'évêque, même si c'est un prêtre qui administre le sacrement. » Autrement dit, en raison du lien historique entre l'évêque diocésain et le sacrement de la confirmation, on ne devrait utiliser rien d'autre que le saint-chrême pour administrer ce sacrement.

Il est permis cependant d'utiliser une huile végétale autre que l'huile d'olive dans certaines circonstances particulières. Pour que son utilisation soit valide, l'huile végétale doit également être consacrée par un évêque. L'utilisation d'une huile végétale non consacrée rend non valide la célébration du sacrement.

90. À QUEL MOMENT ET À QUEL ENDROIT FAUT-IL CÉLÉBRER LE SACREMENT DE CONFIRMATION?

« Il convient de célébrer le sacrement de confirmation dans une église et cela au cours de la Messe; néanmoins, pour une cause juste et raisonnable, il peut être célébré en dehors de la Messe et en tout endroit décent » (canon 881).

La confirmation, comme les autres sacrements, fait partie des rites publics de l'Église. Elle doit donc être célébrée en un lieu sacré réservé au culte public. En outre, étant donné le lien entre la confirmation et la sainte Eucharistie, deux sacrements d'initiation, la confirmation devrait être célébrée durant une messe. Voilà la situation idéale que présente le *Code de Droit canonique*.

Cependant, le droit canon reconnaît que le sacrement de confirmation n'est pas toujours administré dans des circonstances idéales. C'est pourquoi, lorsqu'une cause juste et raisonnable se présente, le droit canon permet que le sacrement de la confirmation soit célébré en dehors de la messe, dans un endroit décent. Le code ne définit pas ce qui constitue une *cause juste et raisonnable*. Il s'en remet au jugement du prêtre ou de l'évêque appelé à célébrer le sacrement de la confirmation dans des circonstances qui s'éloignent de l'idéal. De même, la désignation d'un *endroit décent* est laissée à la discrétion du ministre.

Par exemple, supposons qu'une protestante baptisée soit à l'article de la mort dans un hôpital et désire se convertir au catholicisme. Son état de santé interdit tout transport hors de sa chambre et il ne convient pas qu'un prêtre célèbre une messe dans ce lieu. Le prêtre peut néanmoins confirmer cette femme, même si la célébration du sacrement se fait alors en dehors d'une église et non au cours d'une messe.

91. Qui est le ministre ordinaire de la confirmation dans l'Église latine?

Les catholiques orientaux ont leurs propres lois à ce sujet. Pour l'Église latine, le canon 882 précise : « L'évêque est le ministre ordinaire de la confirmation »; cependant, dans le rite romain, cette capacité qu'a l'évêque d'administrer ce sacrement n'est aucunement exclusive. Le canon 882 poursuit : « Le prêtre, muni de cette faculté en vertu du droit universel ou d'une concession particulière de l'autorité compétente, confère lui aussi validement ce sacrement. » Cette faculté peut être conférée par une autorité compétente, soit habituellement l'évêque diocésain, ou elle peut découler du droit canon lui-même.

Par exemple, supposons qu'un évêque diocésain doive subir des traitements médicaux d'urgence au moment où plusieurs paroisses ont prévu la célébration des confirmations. Si l'on reportait ces célébrations, ce report susciterait des inconvénients sérieux pour les fidèles de l'Église. Agissant à titre d'autorité compétente, l'évêque diocésain peut donc déléguer la faculté de confirmer au vicaire général, au curé de chaque paroisse ou à un autre prêtre du diocèse.

Par ailleurs, le canon 883 prévoit plusieurs circonstances où le droit canon lui-même permet à un prêtre d'administrer le sacrement de confirmation sans en obtenir la faculté de l'évêque diocésain. Par exemple, « pour les personnes en danger de mort, le curé et même tout prêtre [...] ont de plein droit la faculté d'administrer la confirmation ».

92. Notre diocèse a fixé à douze ans l'âge minimal de la confirmation. Est-ce que mon petit bébé pourrait être confirmé s'il se trouvait en danger de mort?

Le baptême n'est pas le seul sacrement que peuvent recevoir les bébés et les petits enfants en danger de mort. Dans de telles circonstances, les parents catholiques peuvent aussi, selon le droit canon, demander que leur enfant soit confirmé. C'est ce que dit clairement le canon 891 :

> Le sacrement de confirmation sera conféré aux fidèles aux alentours de l'âge de raison, à moins que la conférence des évêques n'ait fixé un autre âge, ou qu'il n'y ait danger de mort ou bien que, au jugement du ministre, une cause grave ne conseille autre chose.

En somme, lorsque la vie d'un enfant est sérieusement menacée, toutes les exigences habituelles de la confirmation, sauf le baptême, sont suspendues. Une des exigences qui ne tient plus dans ce cas est l'âge minimal fixé par les lois diocésaines.

93. Mon fils souffre d'une grave forme d'autisme. Son état l'empêche de satisfaire à une des conditions catéchétiques pour la réception du sacrement de la confirmation. Est-ce qu'il peut tout de même être confirmé?

L'Église nous rappelle, dans le premier alinéa du canon 889 et à l'article 1306 du *Catéchisme de l'Église catholique*, que tout baptisé non encore confirmé « peut et doit » recevoir le sacrement de confirmation. Le canon 890 établit que les parents et les pasteurs veilleront à ce que les fidèles soient dûment instruits pour recevoir ce sacrement. Et le deuxième alinéa du canon 889 précise clairement que la personne qui veut recevoir la confirmation doit avoir « l'usage de la raison ». Néanmoins, l'incapacité de recevoir la catéchèse appropriée n'empêche pas une personne d'être admise au sacrement. De fait, la catéchèse peut et doit être adaptée aux besoins particuliers des candidats au sacrement.

Les évêques des États-Unis, dans un document intitulé *Guidelines for Celebration of the Sacrements with Persons with Disabilities* (directives pour la célébration des sacrements avec des personnes handicapées), encouragent les catholiques ayant des besoins spéciaux à demander les sacrements. Si une personne n'a pas les capacités mentales ou cognitives pour présenter une telle demande, le parent ou le tuteur légal peut le faire à sa place. Les évêques américains veulent prévenir toute interprétation rigide du droit canon et optent plutôt pour l'application du principe canonique d'augmentation des faveurs et d'allègement des fardeaux.

94. Je suis parent d'un enfant qui a des besoins spéciaux et j'ai lu plusieurs commentaires au sujet de l'accès aux sacrements des enfants qui ont des besoins spéciaux. Or j'ai beaucoup de difficulté à convaincre le responsable de l'éducation religieuse de notre paroisse. Pouvez-vous m'aider?

Permettez-nous de laisser de côté pour un moment l'examen du droit canon et de parler personnellement. Tous les deux, nous avons eu à affronter ce problème dans le passé. Pete, particulièrement, a une grande expérience de relations avec des parents d'enfants qui ont des besoins spéciaux.

Nous savons par expérience que les parents d'enfants qui ont des besoins spéciaux ne sont pas les seuls aux prises avec ce problème. Étant donné les nombreux changements apportés aux lois de l'Église depuis la fin du concile Vatican II, les curés et les responsables de l'éducation religieuse sont souvent perplexes devant ce dilemme pastoral. Il faut respecter leur cheminement, tout en affirmant que votre enfant a le droit de recevoir les sacrements en vertu du droit canonique.

La revendication des droits sacramentels de votre enfant qui a des besoins spéciaux est assujettie à bien des subtilités canoniques. Pete se fera un plaisir de vous guider. Il invite tout parent ou tuteur légal d'un enfant ayant des besoins spéciaux à communiquer avec lui par l'intermédiaire de l'Ordre international de l'Alhambra. Cette institution catholique a pour mandat d'aider les familles dont un membre est handicapé mentalement et cognitivement. L'ordre a un site Web (en anglais) : www.OrderAlhambra.org. Son numéro de téléphone est le 1-800-478-2946.

95. Quelles qualités doit avoir un parrain ou une marraine de confirmation? Est-ce que le parrain ou la marraine de confirmation peut être le parrain ou la marraine de baptême?

Le canon 893 répond à ces deux questions. Le premier alinéa dit : « Pour exercer la fonction de parrain [ou de marraine], il faut remplir les conditions dont il s'agit au canon 874. » Ce canon mentionne les conditions à remplir pour être parrain ou marraine de baptême :

- avoir été choisi par la personne qui va recevoir le sacrement, par ses parents ou par le curé et avoir l'intention de remplir cette fonction;
- avoir seize ans accomplis;
- être catholique, confirmé, avoir déjà reçu la sainte Eucharistie et mener une vie cohérente avec la foi catholique;
- ne pas être sous le coup d'une peine canonique, tel un interdit ou une excommunication;
- ne pas être le père ni la mère de la personne qui doit recevoir le sacrement.

Pour la confirmation, un parrain ou une marraine suffit. Le deuxième alinéa du canon 893 ajoute un souhait : « Il convient de choisir pour parrain [ou marraine] celui qui a assumé cette fonction lors du baptême. » Ici, « il convient » signifie que cela est souhaitable, mais non essentiel. La personne qui reçoit la confirmation est libre de choisir quelqu'un d'autre, pourvu que le parrain ou la marraine choisi remplisse les conditions voulues.

Chapitre 11

La célébration de la sainte Eucharistie

96. Est-ce que les dispositions du droit canon relatives à la sainte Eucharistie sont présentées dans la perspective de la théologie de l'Église sur l'Eucharistie?

Oui. De fait, le premier canon sous la rubrique « La très sainte Eucharistie », le canon 897, est libellé comme suit :

> Le Sacrement le plus vénérable est la très sainte Eucharistie dans laquelle le Christ Seigneur lui-même est contenu, offert et reçu, et par laquelle l'Église vit et croît continuellement. Le Sacrifice eucharistique, mémorial de la mort et de la résurrection du Seigneur, dans lequel le Sacrifice de la croix est perpétué au long des siècles, est le sommet et la source de tout le culte et de toute la vie chrétienne, par lequel est signifiée et réalisée l'unité du peuple de Dieu et s'achève la construction du Corps du Christ. En effet, les autres sacrements et toutes les œuvres d'apostolat de l'Église

sont étroitement liés à la très sainte Eucharistie et y sont ordonnés.

Les canonistes qualifient ce canon de « théologique ». Son objet est, non pas de nous donner un élément de loi ou de pratique particulier, mais plutôt de tisser l'arrière-plan théologique en regard duquel seront interprétés tous les autres canons portant sur la sainte Eucharistie. En somme, ce canon met en lumière certains principes théologiques que le Saint Père veut que nous ayons à l'esprit en lisant les canons qui traitent de la sainte Eucharistie. Ces principes agissent comme des lunettes qui focalisent les points essentiels des canons.

Ce canon nous enseigne que le Christ est contenu dans la sainte Eucharistie, qu'il s'offre lui-même à Dieu le Père dans le saint Sacrifice de la messe, et que nous recevons son corps, son sang, son âme et sa divinité. Il nous enseigne que la messe perpétue le sacrifice du Christ consommé sur la croix pour nos péchés. Il fait écho aux grandes pensées théologiques du concile Vatican II, notamment le rôle central de l'Eucharistie comme source et sommet du culte et de la spiritualité catholiques. Ce principe n'est pas une invention du *Code de Droit canonique* mais traduit ce que proclame le concile Vatican II dans sa « Constitution sur la Sainte Liturgie », *Sacrosanctum Concilium*.

Enfin, ce canon nous rappelle que toutes nos actions en tant que catholiques doivent être ordonnées à la sainte Eucharistie, puisque toutes nos bonnes œuvres sont intrinsèquement liées à ce saint sacrement.

97. Le droit canon traite-t-il de la révérence que les catholiques doivent manifester à l'égard de la sainte Eucharistie?

Oui. Le canon 898 en parle expressément :

Les fidèles auront en très grand honneur la très sainte Eucharistie, en participant activement à la célébration du très auguste Sacrifice, en recevant ce sacrement avec dévotion et fréquemment, et en lui rendant le culte éminent d'adoration; les pasteurs d'âmes instruiront soigneusement les fidèles de cette obligation, en mettant en valeur la doctrine sur ce sacrement.

Ce canon traite à la fois de questions théologiques et de questions pratiques. En tant que catholiques baptisés, nous devons tenir la sainte Eucharistie en grand honneur, puisqu'elle consiste en la présence réelle de notre Seigneur Jésus Christ. Pour la même raison, l'Église nous invite à participer activement au saint Sacrifice de la messe. Nous devrions recevoir souvent ce sacrement, en nous en approchant avec une grande dévotion. De fait, nous devons adorer la sainte Eucharistie — donc rendre à l'Eucharistie le culte que nous devons à Dieu seul.

Enfin, ce canon demande aux prêtres et aux évêques d'enseigner aux catholiques dont ils ont la charge toutes ces obligations envers le saint sacrement.

98. Qu'est-ce que le droit canon nous enseigne au sujet de la célébration de la sainte Eucharistie?

Le premier alinéa du canon 899 fournit un éclairage sur la célébration de la sainte Eucharistie.

> La célébration eucharistique est action du Christ lui-même et de l'Église, dans laquelle le Christ Seigneur, présent substantiellement sous les espèces du pain et du vin, s'offre lui-même par le ministère du prêtre à Dieu le Père, et se donne en nourriture spirituelle aux fidèles unis à son offrande.

Ce canon associe joliment la théologie de l'Eucharistie aux aspects plus pratiques de ce sacrement. Il établit tout d'abord que la célébration de l'Eucharistie — ou de la messe, comme on l'appelle couramment — est une action du Christ lui-même. Car c'est le Christ qui s'offre à Dieu le Père pour expier nos péchés. Mais le Christ agit par le ministère du prêtre, à qui nous sommes unis pendant la messe. La messe est donc une action de l'Église, puisque dans l'action eucharistique nous nous unissons en tant que corps mystique du Christ. Avec notre tête, Jésus Christ, nos offrons le sacrifice eucharistique à Dieu le Père.

Ce canon nous enseigne que le Christ se donne également à nous. Car dans l'Eucharistie nous recevons le corps, le sang, l'âme et la divinité de notre Seigneur Jésus Christ, notre nourriture spirituelle.

99. Est-ce que le droit canon présente la messe comme une célébration communautaire?

Le deuxième alinéa du canon 899 énonce que :

> Dans la Synaxe eucharistique, le peuple de Dieu est convoqué en assemblée sous la présidence de l'évêque ou du prêtre sous l'autorité de l'évêque, agissant en la personne du Christ, et tous les fidèles qui y assistent,

clercs ou laïcs, y concourent en prenant une part active, chacun selon son mode propre, suivant la diversité des ordres et des fonctions liturgiques.

Ce canon harmonise la doctrine et la pratique de la foi catholique. Lorsque nous nous réunissons pour célébrer la messe, c'est toujours sous la direction de l'évêque diocésain ou d'un prêtre agréé par l'évêque. Pendant la messe, le prêtre agit en la personne du Christ. C'est ce que signifie l'Église lorsqu'elle désigne l'évêque ou le prêtre comme un *alter Christus*, « un autre Christ ».

Mais tous les catholiques sont appelés à participer au saint Sacrifice de la messe. Les laïcs peuvent assumer différentes autres fonctions liturgiques pendant la célébration.

100. Qui peut réaliser le saint Sacrifice de la messe?

Le premier alinéa du canon 900 répond clairement à cette question : « Seul le prêtre validement ordonné est le ministre qui, en la personne du Christ, peut réaliser le sacrement de l'Eucharistie. »

Nous avons noté plus haut que le droit canon distingue la légalité et la validité. Ce canon concerne la validité du sacrement. Si une personne qui n'est pas un prêtre validement ordonné essayait d'accomplir la consécration, son action serait à la fois illicite et non valide. La consécration ne se produirait tout simplement pas.

Il convient de noter que le mot utilisé dans la version latine du canon 900 pour désigner le « prêtre » est *sacerdos*, un mot qui désigne tous les prêtres — depuis l'assistant pasteur d'une petite paroisse rurale jusqu'au Souverain

Pontife, l'évêque de Rome. (Le mot *presbyter*, en revanche, désigne tout prêtre qui n'est pas évêque.)

101. Si un prêtre validement ordonné n'est pas en harmonie avec l'Église, peut-il célébrer la messe?

Cette question concerne la licéité de la célébration de la messe accomplie par ce prêtre, plutôt que sa validité.

Selon le deuxième alinéa du canon 900, « le prêtre non empêché par la loi canonique célèbre licitement l'Eucharistie en observant les dispositions des canons qui suivent ».

Ce canon dit en fait que le célébrant de la messe doit être en harmonie avec l'Église. Les canons 1331 à 1333 détaillent les censures canoniques de l'excommunication, de l'interdit et de la suspense. Un prêtre qui est frappé de l'une de ces trois censures n'a pas le droit, selon l'Église, de célébrer licitement la messe.

Si un prêtre frappé de l'une de ces pénalités décide de célébrer la messe, cette messe sera valide, mais illicite. C'est le cas, par exemple, des évêques de la Fraternité sacerdotale Saint Pie X, qui ont été excommuniés par l'Église. Leurs messes sont valides, c'est-à-dire que la transsubstantiation a bel et bien lieu à la consécration. Cependant, puisque les quatre évêques sont sous le coup d'une excommunication, l'Église catholique considère comme illicites leurs célébrations eucharistiques.

102. Notre prêtre change les mots et les phrases du texte de la messe et y ajoute ses propres prières et « mini-rituels ». Est-ce qu'il a le droit de transformer la messe de cette façon?

La messe a ceci de merveilleux que, dans toutes les régions du monde où vous pouvez aller, seule la langue change. Le fidèle retrouve, malgré l'environnement linguistique qui lui est étranger, des prières qui lui sont familières. L'Église catholique latine n'a pas toujours tenu à cette uniformité liturgique, et elle y attache une importance particulière maintenant.

Les recueils contenant les textes de la messe ou d'autres célébrations liturgiques permettent une certaine souplesse. Les célébrants peuvent ajouter, supprimer ou remplacer certains éléments. Nous participons à notre messe hebdomadaire avec notre finitude, en apportant avec nous les joies et les peines de notre vie. Notre participation au culte divin ne doit pas faire abstraction de la trame de notre vécu. Les recueils liturgiques laissent place à une certaine adaptation des célébrations pour qu'elles intègrent la vie concrète des fidèles. Cependant, nos célébrations ne doivent pas s'écarter du texte de la liturgie.

C'est dans cet esprit qu'il faut lire le premier alinéa du canon 846 : « Dans la célébration des sacrements, les livres liturgiques approuvés par l'autorité compétente seront fidèlement suivis; c'est pourquoi personne n'y ajoutera, n'en supprimera ou n'y changera quoi que ce soit de son propre chef. » Les personnes qui président les célébrations liturgiques doivent s'en tenir au texte des livres liturgiques, et ne peuvent introduire de changement que si le texte lui-même le permet.

Il faut noter que certaines prières et certains rites approuvés sont rarement utilisés et ne nous sont peut-être pas familiers. Ce que vous considérez comme une transformation douteuse est peut-être effectivement licite.

103. Ma tante, qui est juive, doit subir une opération chirurgicale. Est-ce que je peux offrir une messe à son intention, même si elle n'est pas catholique? Est-ce que cela fait une différence qu'elle soit encore vivante?

À certaines époques, cette pratique aurait été interdite, mais aujourd'hui plus rien ne s'oppose à ce que vous offriez une messe à l'intention d'une personne qui n'est pas catholique. Et il n'est pas nécessaire qu'une personne soit décédée pour que vous offriez une messe à son intention. Comme l'affirme clairement le canon 901 : « Le prêtre a la liberté d'appliquer la Messe tant pour les vivants que pour les défunts. » En fait, nous, auteurs de ce livre, avons souvent fait dire des messes pour des personnes vivantes.

Il ne faut jamais sous-estimer la miséricorde divine ni l'efficacité du saint Sacrifice de la messe offert pour les vivants et les morts. De fait, aucune prière n'est jamais perdue aux yeux de Dieu. Ces vérités théologiques ne sont peut-être pas énoncées explicitement dans le *Code de Droit canonique*, mais chaque canon tient sa source de la théologie.

104. À QUELLE FRÉQUENCE UN PRÊTRE DOIT-IL CÉLÉBRER LA MESSE?

Le *Code de Droit canonique* ne prescrit aucune fréquence spécifique. Par contre, le canon 904 donne les lignes directrices suivantes :

> Que les prêtres célèbrent fréquemment, ayant toujours présent à l'esprit le fait que l'œuvre de la rédemption se réalise continuellement dans le mystère du Sacrifice eucharistique; bien plus, leur est vivement recommandée la célébration quotidienne qui est vraiment, même s'il ne peut y avoir la présence de fidèles, action du Christ et de l'Église, dans la réalisation de laquelle les prêtres accomplissent leur principale fonction.

En concrétisant dans la pratique les perspectives théologiques de l'Église, ce canon offre un excellent exemple de l'inspiration théologique du droit. Les perspectives théologiques présentes définissent comme fonction principale du prêtre la célébration des sacrements — l'Eucharistie jouissant à cet égard d'une certaine primauté. Tous les autres sacrements sont ordonnés en fonction de la messe. Le canon lui-même désigne la célébration de l'Eucharistie comme la fonction principale, la fonction la plus importante, du prêtre. Le canon 904 recommande donc logiquement au prêtre de célébrer la messe quotidiennement si possible.

105. Puisque l'Eucharistie est un élément aussi essentiel de la vie spirituelle des catholiques, combien de fois par jour un prêtre doit-il célébrer la messe?

En principe, un prêtre ne doit célébrer la messe qu'une fois par jour. Le premier alinéa du canon 905 énonce clairement cette consigne : « Il n'est pas permis à un prêtre de célébrer plus d'une fois par jour, sauf dans les cas où, selon le droit, il est permis de célébrer ou de concélébrer plus d'une fois l'Eucharistie le même jour. » Étant donné ses nombreuses autres fonctions pastorales, un prêtre qui célèbre la messe plus d'une fois par jour risque l'épuisement.

Le canon 905 prévoit des exceptions, dont traiteront les prochaines questions. Mais la norme est une fois par jour.

Les canonistes ne s'entendent pas sur l'origine de cette coutume. Les auteurs du présent ouvrage proposent leur propre théorie. Selon le concile Vatican II, la célébration de la messe est l'élément central de notre vie spirituelle. Ce principe s'applique notamment aux prêtres, qui doivent faire de la célébration de la messe le centre de leur ministère et de leur activité spirituelle. En limitant le prêtre à une seule célébration quotidienne de la messe, le canon accentue deux idées : 1) L'ensemble du ministère quotidien du prêtre doit l'approcher de notre Seigneur dans la sainte Eucharistie et 2) l'ensemble du ministère du prêtre doit être animé par les grâces qu'il reçoit durant sa célébration quotidienne de la messe.

106. POURQUOI LIMITER LE PRÊTRE À UNE SEULE CÉLÉBRATION QUOTIDIENNE DE LA MESSE, ALORS QU'IL Y A UNE PÉNURIE DE PRÊTRES DANS NOTRE DIOCÈSE? EST-CE QUE LES LAÏCS NE DEVRAIENT PAS EUX AUSSI AVOIR LE PRIVILÈGE D'ASSISTER À LA MESSE CHAQUE JOUR?

À votre deuxième question, nous répondons par l'affirmative. Le principe énoncé dans le premier alinéa du canon 905 n'est d'ailleurs pas absolu. Le deuxième alinéa établit que :

> S'il y a pénurie de prêtres, l'Ordinaire du lieu peut permettre, pour une juste cause, que les prêtres célèbrent deux fois par jour, et même, lorsque la nécessité pastorale l'exige, trois fois les dimanches et les jours de fêtes d'obligation.

Pour interpréter cette portion du canon, il faut tenir compte de deux facteurs. Premièrement, qui est l'ordinaire local? La plupart des catholiques désignent invariablement par ce titre *l'évêque diocésain*. Mais l'ordinaire local peut être le vicaire général ou un vicaire épiscopal nommé par l'évêque diocésain (voir l'alinéa 1 du canon 134). Si l'évêque diocésain n'a pas donné de consigne contraire, l'une ou l'autre de ces personnes peut donner à un prêtre la permission de célébrer la messe plus d'une fois dans une même journée.

Deuxièmement, quelle « juste cause » autorise un prêtre à célébrer la messe plus d'une fois dans une même journée? Une juste cause peut être une pénurie de prêtres à l'intérieur d'un diocèse, la volonté exprimée par un grand nombre de fidèles d'assister à une messe quotidienne ou toute autre circonstance jugée importante à la fois par l'ordinaire du lieu et le prêtre. Il faut noter que le canon parle d'une juste cause, et non pas d'un motif sérieux ou exceptionnel. Là encore, le *Code de Droit canonique* ne définit pas l'expression *pour une juste cause.* Cette indétermination est délibérée, puisque le *Code* s'en remet en général au sens commun des évêques et des prêtres pour l'interprétation de cette disposition.

107. Est-ce qu'un prêtre peut célébrer la messe sans qu'au moins un fidèle soit présent? Peut-il célébrer l'Eucharistie même si aucun autre catholique n'est présent pour l'assister?

Le canon 906 précise : « Le prêtre ne célébrera pas le Sacrifice eucharistique sans la participation d'un fidèle au moins, sauf pour une cause juste et raisonnable. »

Le libellé de ce canon tient davantage du rappel d'un principe que d'une règle stricte. Son but est de souligner que la messe n'est pas une dévotion privée du prêtre, mais plutôt la source et le sommet de la prière publique de l'Église. C'est donc l'Église entière qui participe à la messe.

L'interprétation de l'expression *pour une cause juste et raisonnable* est laissée à la discrétion du prêtre. L'Église estime qu'un homme ordonné prêtre doit avoir un bon jugement. Une cause juste pourrait être, par exemple, le désir d'offrir une messe à une intention spéciale à un moment où aucune messe n'est prévue, ou vouloir célébrer une messe pendant une retraite, dans des circonstances où personne d'autre ne peut y participer.

Lorsqu'un prêtre célèbre la messe seul, il est entendu généralement que les anges et les saints participent à cette célébration. L'Église universelle est donc présente même lorsqu'un prêtre célèbre la messe seul.

108. Est-ce qu'en l'absence d'un prêtre ou d'un évêque, un diacre, une religieuse ou un laïc peut présider une messe?

Absolument pas. Nous avons souligné plus haut que chacun des fidèles avait un rôle à jouer dans la liturgie. Il est important de ne pas confondre les rôles. Le canon 907 établit clairement que :

> Dans la célébration eucharistique, il n'est permis ni aux diacres ni aux laïcs de réciter les prières, surtout la prière eucharistique, ou de remplir les actes propres au prêtre célébrant.

Cette interdiction revêt une extrême importance lorsqu'il s'agit des prières eucharistiques. Le canon 900 dit bien que seul un prêtre ou un évêque peut consacrer le pain et le vin pour qu'ils deviennent le corps, le sang, l'âme et la divinité de notre Seigneur. Si un diacre ou un laïc récitait les prières eucharistiques pendant la célébration liturgique, la transsubstantiation ne se réaliserait pas. La messe serait non seulement illicite, mais aussi non valide.

109. Qui est le ministre de la sainte communion? Qu'est-ce qu'un ministre extraordinaire de la sainte communion?

Le premier alinéa du canon 910 répond à la première question : « Les ministres ordinaires de la sainte communion sont l'évêque, le prêtre et le diacre. » Le ministre n'est pas nécessairement la personne qui a consacré le pain et le vin pour qu'ils deviennent le corps et le sang de notre Seigneur. Le prêtre qui célèbre la messe devrait bien sûr être ministre de la sainte communion, mais d'autres personnes peuvent l'aider à administrer le sacrement aux fidèles.

Souvent, l'assistance à la messe est telle que la communion allongerait la célébration si elle était distribuée par le prêtre seulement. Le deuxième alinéa du canon 910 répond à ce genre de situation : « Les ministres extraordinaires de la sainte communion sont l'acolyte et tout autre fidèle député selon les dispositions du canon 230, § 3. »

En somme, les dispositions du droit canon sont tout à fait raisonnables. L'Église permet le recours à des ministres extraordinaires de la communion au besoin. Lorsque le prêtre a besoin d'aide pour distribuer la communion, il doit recourir à des acolytes. Mais, comme le permet l'alinéa 3 du canon 230, s'il n'y a pas suffisamment d'acolytes disponibles, tout catholique baptisé présent peut être désigné pour agir comme ministre extraordinaire de la sainte communion.

110. Habituellement, qui est autorisé à porter la sainte communion aux malades et aux mourants?

Selon le premier alinéa du canon 911,

> Le devoir et le droit de porter la très sainte Eucharistie en Viatique aux malades appartient au curé et aux vicaires paroissiaux, aux chapelains ainsi qu'au Supérieur de la communauté dans les instituts religieux cléricaux ou les sociétés de vie apostolique cléricales pour tous ceux qui se trouvent dans leur maison.

Les dispositions du premier alinéa de ce canon sont assez claires. Fondamentalement, elles établissent qui a le droit d'apporter le viatique aux malades. Le mot viatique vient du latin ancien *viaticum* qui signifie « nourriture pour le voyage ». Il ne faut pas confondre le viatique et le sacrement des malades, appelé aussi extrême onction. On appelle *viatique* l'Eucharistie portée à une personne gravement malade ou en danger de mort. Il ne faut pas confondre le viatique et le service régulier de la communion aux malades et aux personnes âgées. La mort constitue donc le « voyage » évoqué dans l'expression que désigne le mot viatique.

Lorsqu'il s'agit d'une personne qui ne fait pas partie d'une congrégation religieuse, l'obligation et le droit de porter le viatique appartiennent au curé, à l'un de ses assistants ou à un aumônier, si la personne malade séjourne dans une institution telle qu'un hôpital ou un centre de soins infirmiers. Si la personne malade fait partie d'une congrégation religieuse, par contre, en plus des gens déjà mentionnés, le ou la supérieure a également le devoir et le droit d'apporter le viatique.

111. Qu'arrive-t-il si aucune des personnes mentionnées à la question précédente n'est disponible? Est-ce que les malades et les mourants peuvent tout de même recevoir le viatique?

Ce sont là des questions importantes, puisque personne ne devrait passer dans l'au-delà sans le soutien de notre Seigneur offert dans la sainte Eucharistie. Le deuxième alinéa du canon 911 prévoit cette situation :

En cas de nécessité, ou avec l'autorisation au moins présumée du curé, du chapelain ou du Supérieur qu'il doit informer ensuite, tout prêtre ou tout autre ministre de la sainte communion doit le faire.

L'Église étant appelée par le Christ à faire preuve de miséricorde, cette miséricorde de notre Seigneur doit se manifester dans le droit canon. Le deuxième alinéa du canon 911 en offre un bon exemple. En cas de nécessité — autrement dit, lorsqu'aucun prêtre n'est disponible pour apporter le viatique à un mourant — l'Église tient à ce que la personne mourante puisse recevoir l'Eucharistie. L'Église exige donc que dans ces circonstances, si l'on a des motifs raisonnables de penser que le prêtre à qui il incomberait normalement de porter le viatique serait d'accord, tout ministre de la sainte communion — ordinaire ou extraordinaire — doit administrer le viatique.

Nous disons bien : *doit* administrer le viatique. Il s'agit là non seulement d'un droit, mais d'une obligation sérieuse. Bien sûr, la personne qui apporte le viatique dans de telles circonstances doit en aviser le prêtre par la suite.

Chapitre 12

La réception de la sainte communion

112. J'ENTENDS DIRE TOUTES SORTES DE CHOSES À PROPOS DU DROIT DE RECEVOIR LA SAINTE COMMUNION. QUI PEUT ET QUI NE PEUT PAS LA RECEVOIR? QUE DIT LE DROIT CANON À CE SUJET?

Le canon 912 résume la pensée fondamentale de l'Église en ce qui concerne la réception de la sainte communion : « Tout baptisé qui n'en est pas empêché par le droit peut et doit être admis à la sainte communion. » Ce canon très simple nous offre un éclairage théologique et pastoral sur la façon d'interpréter tout autre canon ayant trait à la réception de la sainte communion.

En somme, la réception de la sainte communion constitue un droit essentiel de tout catholique, un droit qui ne peut être restreint ou limité que pour une juste cause. Il doit s'agir en général d'une restriction prévue dans le droit canon. Certaines des questions qui suivent abordent les circonstances dans lesquelles le droit canon interdit à un catholique baptisé de recevoir la sainte communion.

La présomption de droit établit cependant que toute personne qui se présente devant un ministre pour recevoir la sainte communion peut recevoir ce sacrement. En cas de doute, le ministre doit donc permettre à la personne qui se présente de recevoir la sainte Eucharistie.

Enfin, l'administration des sacrements au sein de l'Église catholique est généralement limitée aux catholiques. Il y a cependant quelques exceptions, qui permettent à une personne non catholique de recevoir l'Eucharistie des mains d'un ministre catholique, ou à des catholiques de recevoir l'Eucharistie des mains d'un ministre d'une Église non catholique dont les sacrements sont valides.

113. Je vais rendre visite à une amie qui souhaite que j'assiste à une messe dans son Église orthodoxe russe. Est-ce que je peux y assister et recevoir la communion?

Le *Petit Robert* définit la communion comme l'« union des personnes qui professent une même foi ». Le droit canon précise cette définition en établissant que les personnes qui sont « pleinement dans la communion de l'Église catholique » sont unis par les liens « de la profession de foi, des sacrements et du gouvernement ecclésiastique » (canon 205). En tant que catholiques, nous ne sommes pas pleinement en communion avec les autres Églises et confessions chrétiennes. Et les efforts que doit déployer l'Église pour restaurer la communion entre les croyants ne dissimulent pas certaines divergences manifestes.

En règle générale, les non-catholiques ne sont pas autorisés à recevoir la sainte communion au cours d'une messe catholique et les catholiques ne doivent pas recevoir la communion des autres Églises (canon 844, alinéa 1). Cette règle admet toutefois des exceptions.

Si une personne catholique se trouve dans l'impossibilité d'avoir recours à un ministre catholique, il lui est permis de recevoir la communion d'un ministre non catholique « dans l'Église [duquel ce sacrement est valide] » (canon 844, alinéa 2). Autrement dit, certaines branches d'Églises chrétiennes ont des prêtres ordonnés validement qui, lorsqu'ils célèbrent la Cène du Seigneur, suscitent la présence réelle du Christ dans l'Eucharistie. L'Église orthodoxe en est un exemple, tout comme l'Église « vieille-catholique » et l'Église nationale de Pologne. Par contre, les confessions protestantes ne font pas partie de ce groupe.

114. Est-ce que mon ami orthodoxe russe peut recevoir la communion dans mon Église catholique?

Nous ne sommes pas pleinement en communion avec l'Église orthodoxe. Nous partageons bien avec les orthodoxes une même profession de foi et célébrons les mêmes sacrements, mais nous ne sommes pas du même avis quant au gouvernement ecclésiastique — c'est-à-dire sur le rôle qui appartient au pape dans l'Église universelle. Cependant, comme nous sommes proches de cette Église en ce qui concerne les deux premiers éléments (la profession de foi et la célébration des mêmes sacrements), nous sommes en communion beaucoup plus étroite avec nos frères et sœurs orthodoxes qu'avec nos frères et sœurs protestants. Les traditions protestantes ont creusé nettement leur divergence au cours des derniers siècles.

Puisque nous sommes proches des « Églises orientales qui n'ont pas la pleine communion avec l'Église catholique », les ministres catholiques peuvent donner la communion à des membres de ces Églises « s'ils le demandent de leur plein gré et s'ils sont dûment disposés » (canon 844, alinéa 3). Cette disposition s'applique également aux membres d'autres Églises qui, aux yeux du Vatican, se trouvent dans des situations de communion similaires. Il s'agit d'Églises qui font la même profession de foi et célèbrent validement les sacrements — par exemple, certaines des Églises qui se sont séparées avant le concile de Chalcédoine, en 451.

115. Mon pasteur a donné la communion à une luthérienne à l'hôpital. Comment cela est-il possible?

Il s'agit là d'une question délicate. Comme nous l'avons expliqué à la question 114, les protestants ne doivent pas recevoir la sainte communion, puisqu'il n'y a aucune communion ecclésiastique entre les confessions protestantes et l'Église catholique. Cette règle admet cependant des exceptions.

Lorsqu'une personne non catholique baptisée se trouve en danger de mort, « les ministres catholiques peuvent [lui] administrer licitement [les sacrements de pénitence, d'Eucharistie et d'onction des malades] » (canon 844, alinéa 4). La personne malade doit être incapable d'avoir recours à un ministre de sa communauté et elle doit demander le sacrement de son plein gré.

En outre, les sacrements mentionnés peuvent être ainsi administrés à des non-catholiques « pourvu qu'ils manifestent la foi catholique sur ces sacrements et qu'ils soient dûment disposés » (canon 844, alinéa 4). Cela signifie qu'ils doivent comprendre que l'Eucharistie est le corps et le sang du Christ. Par ailleurs, une personne qui reçoit la sainte communion doit être exempte de tout péché grave; elle doit donc normalement faire une confession avant de communier.

Il y a un autre cas où une personne non catholique peut recevoir le sacrement de la sainte communion. Si une grave nécessité se fait pressante, l'évêque diocésain ou une conférence épiscopale peut autoriser cette personne à recevoir le sacrement. Il s'agira alors d'un moment planifié, plutôt que d'une décision spontanée, puisqu'il faut obtenir un consentement préalable.

116. Ma fille se prépare à sa première communion. Est-ce que le droit canon énumère des conditions préalables?

Le premier alinéa du canon 913 énumère les conditions fondamentales qui doivent être réunies pour qu'un enfant fasse sa première communion :

> Pour que la très sainte Eucharistie puisse être donnée aux enfants, il est requis qu'ils aient une connaissance suffisante et qu'ils aient reçu une préparation soignée, de sorte qu'ils comprennent le mystère du Christ à la mesure de leur capacité, et puissent recevoir le Corps du Seigneur avec foi et dévotion.

Ce canon présente trois conditions pour l'admission d'un enfant à la première communion. Premièrement, l'enfant doit avoir une connaissance catéchétique suffisante de la foi et doit être adéquatement préparé à recevoir notre Seigneur. Bien sûr, l'enseignement et la préparation doivent être adaptés au niveau de compréhension des enfants. Autrement dit, les enfants n'ont pas besoin d'en savoir autant que saint Thomas d'Aquin en matière de théologie.

La deuxième condition tient compte également de la capacité intellectuelle d'un enfant qui se prépare à la première communion. L'enfant doit avoir une compréhension de base de la signification du mystère eucharistique.

Troisièmement, l'enfant doit pouvoir recevoir la sainte Eucharistie avec foi et dévotion. Il s'agit là, également, d'un niveau minimum de foi et de dévotion. Étant donné la nature humaine déchue, on ne peut s'attendre à ce que les enfants (ni la plupart des adultes) manifestent le niveau de foi et de dévotion d'un saint François d'Assise ou d'un saint Benoît!

117. Si un enfant est en danger de mort, doit-il se soumettre à toute la démarche de catéchèse soulignée au premier alinéa du canon 913?

L'un des deux auteurs du présent ouvrage a eu à répondre à cette question, de la part d'une famille dont un membre avait contracté une maladie grave durant son enfance. Cette personne n'avait pas suivi la démarche catéchétique mentionnée dans le premier alinéa du canon 913, mais elle aurait été admise à recevoir la première communion si sa situation s'était aggravée. Le deuxième alinéa du canon 913 établit que « la très sainte Eucharistie peut néanmoins être donnée aux enfants qui sont en danger de mort, s'ils sont capables de distinguer le Corps du Christ de l'aliment ordinaire et de recevoir la communion avec respect ».

Nous connaissons bien l'invitation du Christ, mentionnée dans l'Évangile selon saint Matthieu : « Laissez faire ces enfants, ne les empêchez pas de venir à moi » (19, 14). L'Église prend très au sérieux cette invitation du Christ et ne veut pas refuser aux enfants en danger de mort la grâce de la sainte Eucharistie. Dans de telles circonstances, l'Église exempte les enfants de la plupart des exigences qu'un enfant baptisé doit normalement satisfaire pour être admis à la première communion. L'Église demande alors simplement que les enfants soient capables de distinguer la sainte Eucharistie du pain ordinaire et puissent recevoir notre Seigneur avec respect.

118. Mon fils souffre d'une grave forme d'autisme, qui rend quasi impossible toute participation à une catéchèse. Peut-il faire sa première communion quand même?

Le concile Vatican II a proclamé que l'Eucharistie constitue « la source et le sommet de la vie chrétienne ». La vie spirituelle de tout catholique serait certes incomplète s'il n'était pas autorisé à recevoir l'Eucharistie. C'est pourquoi le canon 912 affirme que « tout baptisé qui n'en est pas empêché par le droit peut et doit être admis à la sainte communion ».

Le droit canon exige habituellement qu'un catholique latin suive une catéchèse adéquate avant de recevoir la sainte communion. Mais il ne parle pas de l'admission à la sainte Eucharistie des personnes souffrant d'un handicap mental ou cognitif. Par conséquent, dans l'esprit du canon 17, nous devons répondre à cette question en recourant « aux lieux parallèles » au sein du *Code de Droit canonique*. Un lieu parallèle, dans ce contexte, est un canon qui présente des circonstances non identiques mais semblables.

Nous trouvons un lieu parallèle au deuxième alinéa du canon 913, qui permet que la sainte Eucharistie soit donnée aux enfants qui sont en danger de mort, « s'ils sont capables de distinguer le Corps du Christ de l'aliment ordinaire et de recevoir la communion avec respect ». La situation de votre enfant autiste est parallèle à celle de l'enfant en danger de mort en ce sens que les deux enfants sont incapables de suivre la catéchèse requise. Si nous appliquons le deuxième alinéa du canon 913, vous devez discerner si votre enfant est capable « de distinguer le Corps du Christ de l'aliment ordinaire et de recevoir la communion avec respect ».

119. Dans votre réponse aux deux questions précédentes, vous avez mentionné qu'un enfant en danger de mort ou un enfant qui souffre d'un handicap mental ou cognitif peut recevoir la sainte Eucharistie s'il peut distinguer le Corps du Christ de l'aliment ordinaire. Est-ce que l'enfant doit pouvoir exprimer verbalement ce discernement?

Non, il n'est pas nécessaire qu'il puisse exprimer verbalement la distinction requise. Une telle exigence exclurait les enfants qui souffrent entre autres d'une incapacité de parler.

Ainsi, lorsqu'il s'agit de donner la communion à un enfant en danger de mort ou à un enfant ayant une déficience mentale ou cognitive, la capacité de distinguer l'Eucharistie de l'aliment ordinaire peut également être manifestée d'une autre façon correspondant davantage à son état.

Par exemple, un enfant autiste peut manifester cette capacité par un silence révérenciel ou quelque geste pieux. À ce sujet, les directives publiées par les évêques américains pour la célébration des sacrements avec des personnes souffrant d'un handicap (*Guidelines for Celebration of the Sacraments with Persons with Disabilities*), après avoir rappelé le principe canonique selon lequel il faut augmenter les faveurs et limiter les fardeaux, prescrivent (n° 20) :

> En cas de doute, il faut trancher en faveur du droit de la personne baptisée à recevoir le sacrement. L'existence d'un handicap n'est pas considérée en soi comme un facteur de non-admissibilité à la réception de l'Eucharistie.

120. À QUI INCOMBE LA RESPONSABILITÉ DE VOIR À CE QUE LES ENFANTS SOIENT CONVENABLEMENT PRÉPARÉS POUR LEUR PREMIÈRE COMMUNION?

Le canon 914 répond à cette question.

> Les parents en premier, et ceux qui tiennent leur place, de même que le curé, ont le devoir de veiller à ce que les enfants qui sont parvenus à l'âge de raison soient

préparés comme il faut et soient nourris le plus tôt possible de cet aliment divin, après avoir fait une confession sacramentelle; il revient aussi au curé de veiller à ce que les enfants n'ayant pas encore atteint l'âge de raison, ou ceux qu'il juge insuffisamment disposés, ne soient pas admis à la sainte Synaxe.

Ce canon est assez clair, mais bon nombre de catholiques ne le connaissent pas. Il revient tout d'abord aux parents de veiller à ce que leurs enfants soient préparés comme il faut pour la première communion. Les parents ne doivent pas s'en remettre simplement aux éducateurs religieux de leurs enfants. Le devoir — il ne s'agit pas seulement d'un droit mais aussi d'un *devoir* — d'assurer la préparation nécessaire revient en premier lieu aux parents.

Deuxièmement, le curé assume lui aussi ce devoir de veiller à ce que les enfants soient préparés comme il faut à recevoir la sainte communion. Si cette préparation n'est pas possible dans une période de temps donnée, le pasteur a alors le devoir de retarder la première communion jusqu'à ce que l'enfant soit prêt.

121. Je remarque que le canon 914 mentionne la confession sacramentelle comme une condition prérequise pour la réception de la première communion. Comme la plupart des enfants de sept ans n'ont pas encore acquis un usage suffisant de la raison pour commettre un péché mortel, pourquoi les obliger à se soumettre à la confession sacramentelle avant leur première communion?

L'exigence posée par le canon 914 de se soumettre à la confession sacramentelle avant la première communion est souvent ignorée aujourd'hui. Comme vous l'avez souligné pertinemment, bon nombre de pasteurs et de catéchètes estiment qu'un jeune enfant est incapable de commettre un péché mortel.

Le père William Woestman, un professeur réputé de droit canon, faisait parfois la remarque suivante : « En tant que prêtre, l'Église recommande que je me confesse souvent. Mais l'Église ne s'attend certainement pas à ce que je commette régulièrement des péchés mortels. »

Même si un enfant n'a pas commis de péché mortel au cours de sa brève existence, il faut tout de même lui offrir l'occasion de faire une confession sacramentelle avant de recevoir la première communion. On développera ainsi chez l'enfant la bonne habitude d'une confession régulière et sincère et d'une approche respectueuse de l'Eucharistie.

122. Est-ce qu'on peut interdire à un catholique de recevoir la sainte communion?

Le canon 915 dit clairement dans quelles circonstances cela est possible : « Les excommuniés et les interdits, après l'infliction ou la déclaration de la peine et ceux qui persistent avec obstination dans un péché grave et manifeste, ne seront pas admis à la sainte communion. »

Comme nous l'avons déjà dit, les catholiques qui se présentent pour la sainte communion ont le droit de recevoir notre Seigneur, sauf prescription contraire du droit canon. Voici donc l'une des exceptions prévues dans le *Code de Droit canonique*.

Lorsque l'Église excommunie une personne ou la frappe d'interdit, elle ne le fait pas avec l'intention de punir la personne. Elle cherche plutôt à l'aider à se repentir du crime qui lui a valu cette pénalité. Elle lui interdit donc l'accès à la sainte communion afin de la forcer à réfléchir aux conséquences de son crime, qui a blessé le Corps mystique du Christ. Une fois que la personne s'est repentie et que la pénalité a été levée, elle peut être réadmise à la sainte communion.

De même, l'Église doit refuser la communion à ceux qui persistent dans le péché mortel — là encore, en vue de les aider à se repentir. Notons qu'il doit s'agir d'une persistance obstinée, c'est-à-dire que les personnes en cause doivent avoir choisi d'ignorer un avertissement de l'Église.

Par exemple, un catholique qui cherche à contracter un mariage en dehors de l'Église sans la permission de l'Église ou un politicien qui appuie intentionnellement une loi favorisant l'avortement, pourraient se voir interdire la communion. Ils seront réadmis s'ils se repentent de leur péché.

123. S'IL N'EST PAS POSSIBLE DE FAIRE UNE CONFESSION SACRAMENTELLE AUPARAVANT, EST-CE QUE JE PEUX TOUT DE MÊME RECEVOIR LA SAINTE COMMUNION?

Le canon 916 aborde cette question :

> Qui a conscience d'être en état de péché grave ne célébrera pas la Messe ni ne communiera au Corps du Seigneur sans recourir auparavant à la confession sacramentelle, à moins d'un motif grave et qu'il ne soit dans l'impossibilité de se confesser; en ce cas, il

n'oubliera pas qu'il est tenu par l'obligation de faire un acte de contrition parfaite, qui inclut la résolution de se confesser au plus tôt.

La plupart des catholiques savent qu'ils ne doivent pas recevoir la sainte communion s'ils ont sur la conscience un péché grave qu'ils n'ont pas confessé. Ce canon prévoit toutefois une exception. Si une raison sérieuse empêche une personne de faire une confession sacramentelle, et si aucune possibilité prévisible d'une confession ne s'offre, cette personne peut recevoir la sainte communion à deux conditions : premièrement, elle doit réciter un acte de contrition le plus sincèrement possible — en manifestant des remords d'avoir offensé Dieu par ses péchés mortels. Deuxièmement, elle doit être déterminée à recevoir le sacrement de pénitence dès que possible.

Par exemple, certaines collectivités du Nord du Québec ou de l'Ontario ne sont accessibles que par avion de brousse. Bon nombre de ces collectivités sont trop petites pour avoir un prêtre en permanence. Dans le temps de Noël ou de Pâques, si aucun prêtre n'est disponible, l'évêque diocésain envoie un diacre, un religieux ou une religieuse pour animer une célébration liturgique avec communion. Ce scénario permet à un membre d'une telle collectivité de recevoir la sainte communion après avoir récité un acte de contrition aussi sincèrement que possible.

124. J'ASSISTE SOUVENT À LA MESSE DEUX FOIS LE MÊME JOUR DE SEMAINE — LE MATIN AVEC MA MÈRE ÂGÉE ET LE SOIR AVEC MON MARI ET MES ENFANTS. EST-CE QUE JE PEUX RECEVOIR LA SAINTE COMMUNION AUX DEUX MESSES OU SEULEMENT UNE FOIS LE MÊME JOUR?

Certains lecteurs et lectrices se souviennent sans doute qu'avant le concile Vatican II il était interdit aux fidèles de recevoir la sainte communion plus d'une fois le même jour. Cette interdiction avait pour objet, entre autres, de corriger des abus, puisque des fidèles cherchaient à recevoir l'Eucharistie autant de fois par jour que possible. La sainte Eucharistie est certes une réalité surnaturelle, mais notre Seigneur ne doit jamais devenir un objet de superstition.

Le *Code de Droit canonique* de 1983 tient une position beaucoup plus généreuse à l'égard de la fréquence de réception de la sainte communion. Voyez le canon 917 :

> Qui a déjà reçu la très sainte Eucharistie peut la recevoir à nouveau le même jour mais seulement lors d'une célébration eucharistique à laquelle il participe, restant sauves les dispositions du canon 921, § 2.

Oublions pour le moment la référence au canon 921 — qui concerne le viatique — pour souligner que le droit permet maintenant aux catholiques de recevoir la sainte communion deux fois le même jour. En raison d'une ambiguïté dans le texte latin original, cependant, les canonistes ne savaient pas au début comment interpréter ce canon. Certains estimaient que le canon limitait la réception de la sainte communion à deux fois par jour, tandis que pour d'autres le texte latin signifiait que les fidèles pouvaient profiter de toutes les occasions qui se présentaient de recevoir la sainte Eucharistie le même jour.

Le Conseil pontifical pour les textes législatifs a clarifié par la suite ce canon, établissant que ses dispositions permettent simplement de profiter d'une seconde occasion de recevoir la sainte communion le même jour. L'interprétation du Conseil pontifical fait autorité. Par ailleurs, le canon précise clairement que la deuxième occasion de recevoir la sainte communion doit se présenter dans le cadre d'une messe. Le viatique constitue la seule exception, puisque l'Église désire que les fidèles reçoivent la sainte Eucharistie quand ils se trouvent en danger de mort.

125. Les catholiques doivent-ils observer un jeûne avant de recevoir la sainte communion? L'Église a-t-elle aboli cette exigence?

Le premier alinéa du canon 919 exprime la consigne suivante : « Qui va recevoir la très sainte Eucharistie s'abstiendra, au moins une heure avant la sainte communion, de prendre tout aliment et boisson, à l'exception seulement de l'eau et des médicaments. » Le jeûne eucharistique est donc toujours en vigueur, même s'il a été grandement réduit depuis le concile Vatican II.

Ce canon est remarquable pour plusieurs raisons. Premièrement, le jeûne eucharistique minimal doit être observé, soit « une heure avant la sainte communion » et non pas une heure avant le début de la messe. Ce qui veut dire que vous pouvez faire manger vos enfants sans vous préoccuper de l'heure, quand vous vous préparez à assister à des célébrations liturgiques d'une certaine longueur, telles que la messe chrismale ou la messe de certains dimanches de fête.

Deuxièmement, la prescription du jeûne eucharistique comporte un certain nombre d'exceptions. Le premier alinéa du canon 919 en mentionne deux — l'eau et les médicaments. Même si le jeûne eucharistique symbolise la priorité des aliments de l'âme sur ceux du corps, l'Église ne veut pas que quiconque soit empêché de recevoir notre Seigneur en raison d'une nécessité liée à son état de santé. C'est pourquoi le droit permet aux catholiques de prendre des médicaments et de l'eau avant de recevoir la sainte communion.

126. Vous avez mentionné les médicaments et l'eau comme exceptions au jeûne eucharistique : mais qu'en est-il des personnes qui doivent manger, en raison de leur âge, d'une maladie ou d'une grossesse?

Le troisième alinéa du canon 919 répond à cette question. Les personnes âgées et les malades, ainsi que celles qui s'en occupent, peuvent recevoir la sainte Eucharistie même si elles ont pris quelque chose moins d'une heure auparavant.

Il faut répéter que le but du jeûne eucharistique n'est pas d'empêcher les catholiques de recevoir la sainte communion à cause de circonstances hors de leur contrôle. Les personnes souffrant d'une maladie, d'un handicap ou d'une blessure sont donc autorisées à manger et à boire, au besoin, avant de communier. La même disposition s'applique aux personnes qui s'occupent des malades, des handicapés ou des blessés, puisque l'Église reconnaît que les personnes soignantes ont besoin de forces elles aussi.

L'Église ne considère pas la grossesse comme une maladie, mais comme une des nombreuses bénédictions du mariage. Néanmoins, la plupart des canonistes conviennent que les femmes enceintes sont implicitement incluses dans les exceptions au jeûne eucharistique. Après tout, les mères catholiques doivent se plier, comme toutes les autres mères, aux exigences physiques et diététiques de la grossesse. Certains canonistes plaisantent : « Nous faisons partie d'une Église pro-vie qui reconnaît qu'une femme enceinte doit se nourrir pour l'enfant qu'elle porte et qui, lui, n'est pas lié par les lois ecclésiales du jeûne et de l'abstinence. »

127. À quelle fréquence l'Église demande-t-elle aux catholiques de recevoir la sainte Eucharistie?

Selon le premier alinéa du canon 920, « tout fidèle, après avoir été initié à la très sainte Eucharistie, est tenu par l'obligation de recevoir la sainte communion au moins une fois l'an ». Et le deuxième alinéa du même canon précise : « Ce précepte doit être rempli durant le temps pascal, à moins que pour une juste cause, il ne le soit à une autre époque de l'année. »

La plupart des catholiques désignent l'obligation prévue dans ce canon comme leur « devoir pascal ». Fondamentalement, nous sommes tenus de recevoir la sainte Eucharistie au moins une fois par année, après une confession sacramentelle. Le droit canon nous demande d'accomplir ce devoir pascal au cours du temps pascal, de préférence, période qui s'ouvre le dimanche de Pâques et se termine à la Pentecôte. Les fidèles peuvent accomplir ce devoir hors du temps pascal s'ils ont une bonne raison. Une communion sacrilège ne satisfait pas à cette obligation.

Cette loi vise à encourager les catholiques à ne pas négliger la réception des sacrements. En outre, la réception annuelle de l'Eucharistie représente simplement l'exigence minimale de l'Église. Sauf de rares exceptions, tous les papes de l'époque moderne, de saint Pie X à Jean-Paul II, ont encouragé les catholiques à recevoir notre Seigneur de façon quotidienne quand cela est possible.

128. Qu'est-ce que le viatique, et quand devrais-je le recevoir?

Le premier alinéa du canon 921 stipule : « Les fidèles qui se trouvent en danger de mort, quelle qu'en soit la cause, seront nourris de la sainte communion sous forme du Viatique. » En d'autres mots, l'Église ne veut pas que ses enfants quittent cette vie sans que le Christ les accompagne. Par conséquent, dans la mesure où nous en sommes capables quand nous nous trouvons en danger de mort, nous devons bénéficier de la force de la présence réelle de notre Seigneur. Le viatique est donc la sainte communion administrée à une personne en danger de mort.

« Même s'ils ont déjà reçu la sainte communion le jour même », poursuit le deuxième alinéa du canon 921, « il est hautement conseillé que ceux qui se trouvent en danger de mort communient à nouveau. » Comme nous l'avons mentionné dans notre réponse à la question 125, les fidèles qui communient plus d'une fois dans une même journée doivent, de manière habituelle, recevoir la sainte communion dans le cadre d'une messe. L'objet de ce deuxième alinéa est de préciser que la réception du viatique constitue une exception à la règle. Lorsqu'une personne se trouve en danger de mort, il faut lui procurer le viatique, qu'elle ait ou non déjà reçu la sainte communion ce jour-là.

Enfin, il faut demander le viatique plus d'une fois lorsque le danger menace de façon prolongée. Mais alors le viatique doit être donné à des jours différents. C'est ce que dit clairement le troisième alinéa du canon 921 : « Tant que dure le danger de mort, il est conseillé que la sainte communion soit donnée plusieurs fois, à des jours différents. »

129. Je suis catholique latin. Est-ce que l'Église me permet de recevoir la sainte communion dans une église catholique orientale?

Conformément au canon 923, « les fidèles peuvent participer au Sacrifice eucharistique et recevoir la sainte communion dans n'importe quel rite catholique, compte tenu des dispositions du canon 844 ».

Depuis le concile Vatican II particulièrement, l'Église accorde une grande attention à sa propre nature universelle et à l'Eucharistie. Le canon 923 réunit ces deux centres d'attention. Nous pouvons participer, recevoir notre Seigneur et accomplir nos diverses obligations à toute messe de rite catholique approuvée par l'Église. Par conséquent, les catholiques de rite latin accomplissent leur obligation dominicale lorsqu'ils assistent à la messe dans une église catholique orientale. Étant donné que le *Code des canons des Églises orientales* contient un canon similaire, le même principe s'applique aux catholiques orientaux qui assistent à la messe dans une église catholique latine.

Ce canon ajoute : « compte tenu des dispositions du canon 844 ». Le canon 844, que nous avons cité en réponse aux questions 114 et 115, interdit aux catholiques de recevoir les sacrements en dehors de l'Église catholique, sauf en certaines circonstances. Par exemple, si aucun prêtre catholique n'est disponible et qu'un catholique se trouve en danger de mort, le canon 844 permet à cette personne en danger de mort de demander le viatique à un prêtre orthodoxe grec. Mais pour recevoir la communion dans une Église catholique orientale, il n'est pas nécessaire de se trouver dans de telles circonstances exceptionnelles.

Chapitre 13

La pénitence et l'onction des malades

130. Quel est, selon le droit canonique, le but du sacrement de pénitence?

Le canon 959 résume ainsi le but du sacrement de pénitence : dans le sacrement de pénitence, les fidèles qui confessent leurs péchés à un ministre légitime, en ont la contrition et forment le propos de s'amender, obtiennent de Dieu, par l'absolution donnée par ce même ministre, le pardon des péchés qu'ils ont commis après le baptême, et ils sont en même temps réconciliés avec l'Église qu'en péchant ils ont blessée.

En somme, ce sacrement a un double but. Premièrement, il procure l'absolution — c'est-à-dire le pardon du Christ — des péchés commis après le baptême par la personne qui le reçoit. Deuxièmement, il la réconcilie avec le Christ et son Église.

Ce canon mentionne diverses étapes à franchir avant de recevoir l'absolution. D'abord, le pénitent ou la pénitente doit s'adresser à un ministre légitime du sacrement — c'est-à-dire un évêque ou un prêtre mandaté par l'évêque diocésain ou son supérieur religieux. Deuxièmement, la personne pénitente doit regretter ses péchés.

Troisièmement, la personne pénitente doit former le ferme propos de s'amender, donc, être déterminée à ne plus pécher. Bien sûr, étant donné la condition déchue de notre nature humaine, la plupart d'entre nous retomberons dans le péché, mais au moment de la confession nous sommes fermement résolus à ne plus pécher. Enfin, la personne pénitente doit confesser tous les péchés graves — les péchés mortels — qu'elle a sur la conscience.

Une personne pénitente qui fait sa première confession doit confesser tous les péchés mortels commis depuis son baptême. Dans les confessions subséquentes, elle ne doit confesser que les péchés graves qu'elle n'a jamais confessés.

131. Quel est le moyen ordinaire de l'administration du sacrement de pénitence?

Le canon 960 précise que « la confession individuelle et intégrale avec l'absolution constitue l'unique mode ordinaire par lequel un fidèle conscient d'un péché grave est réconcilié avec Dieu et avec l'Église ».

Le qualificatif *individuelle* désigne simplement le mode de la confession, soit une rencontre en tête à tête entre la personne pénitente et le prêtre ou l'évêque. Selon les circonstances, cette rencontre peut se dérouler dans un confessionnal traditionnel, dans une salle de réconciliation plus moderne, ou encore dans un autre endroit où est respectée l'intimité de cet entretien. Dans l'esprit du canon 964, ces aménagements doivent se situer dans une église ou un oratoire.

Le qualificatif *intégrale* désigne l'obligation pour la personne de confesser tous ses péchés mortels non déjà confessés, et dont elle se souvient.

L'Église reconnaît également la validité d'une absolution générale dans certaines circonstances, mais cette forme de réception du sacrement de pénitence est jugée exceptionnelle. D'ordinaire, il faut demander l'absolution par une confession individuelle et intégrale.

132. L'ABSOLUTION GÉNÉRALE DISPENSE-T-ELLE DE L'OBLIGATION DE CONFESSER EN PRIVÉ TOUS SES PÉCHÉS MORTELS?

Le premier alinéa du canon 962 établit que :

> Pour qu'un fidèle bénéficie validement d'une absolution sacramentelle donnée à plusieurs ensemble, il est requis non seulement qu'il y soit bien disposé, mais qu'il ait en même temps le propos de confesser individuellement, en temps voulu, les péchés graves qu'il ne peut pas confesser ainsi actuellement.

Pour bénéficier validement d'une absolution générale, il faut regretter ses péchés et avoir le ferme propos de s'amender. Voilà ce que veut dire « être bien disposé ». Ce sont là les mêmes conditions que celles établies pour une confession privée.

De plus, il faut avoir le propos de confesser individuellement, en temps voulu, ses péchés mortels. Le droit ne précise pas le sens de l'expression *en temps voulu*.

Le canon 962 dit en fait que c'est l'intention de la personne pénitente au moment de l'absolution générale qui détermine si elle reçoit validement l'absolution. Une absolution générale valide ne devient pas non valide si une personne ne concrétise pas son intention de se confesser en privé. L'administration valide d'un sacrement, de fait, ne peut jamais se fonder sur la réalisation d'une condition future. Ce qui importe, c'est le propos de la personne au moment de l'absolution générale.

133. Lorsqu'il donne l'absolution générale, est-ce que le prêtre est tenu d'aviser les fidèles de leur obligation de confesser privément tous leurs péchés mortels? Est-ce que cela est une condition de légalité ou de validité?

Le deuxième alinéa du canon 962 porte que :

> Dans la mesure du possible, même à l'occasion de la réception d'une absolution générale, les fidèles seront instruits de ce qui est requis au § 1, et l'absolution générale sera précédée, même en cas de danger de mort si le temps est suffisant, d'une exhortation pour que chacun prenne soin de faire un acte de contrition.

Pour répondre à la première question : le ministre devrait voir à ce que les fidèles présents pour l'absolution générale reçoivent les instructions nécessaires. Les fidèles doivent savoir, avant de recevoir l'absolution générale, qu'ils sont tenus de confesser tous leurs péchés mortels en temps voulu.

L'exigence de la détermination de la personne pénitente à confesser ses péchés mortels en temps voulu est une condition de validité. Mais l'exigence d'instruire les fidèles ne concerne que la légalité. Par conséquent, si le ministre de l'absolution générale oublie d'instruire les fidèles, l'absolution reçue est tout de même valide, à condition que les fidèles soient déterminés à confesser privément leurs péchés mortels en temps voulu.

Si cela est possible, le ministre du sacrement doit faire réciter aux fidèles un acte de contrition avant de donner l'absolution générale.

134. Qui peut entendre ma confession et me donner l'absolution en cas de nécessité?

« En cas d'urgente nécessité », dit le deuxième alinéa du canon 986, « tout confesseur et, en cas de danger de mort, tout prêtre, est tenu par l'obligation d'entendre les confessions des fidèles. » Le canon distingue le prêtre et le confesseur. Il entend par prêtre un prêtre ou un évêque validement ordonné, et par confesseur un prêtre ou un évêque validement ordonné, ayant reçu de son supérieur ecclésiastique compétent la faculté d'entendre des confessions.

En cas d'urgente nécessité, tout confesseur est tenu d'entendre les confessions. Le canon évite délibérément de définir l'expression *urgente nécessité*, s'en remettant au jugement de chaque confesseur. De même, le canon ne définit pas l'expression *en cas de danger de mort*.

Remarquez que le droit oblige *tout* prêtre ou évêque validement ordonné à entendre les confessions quand menace un danger de mort. Cela inclut même les prêtres laïcisés, suspendus ou excommuniés. Les fidèles peuvent même s'adresser à un prêtre non catholique validement ordonné en une telle circonstance. Par exemple, si aucun prêtre catholique n'est disponible, on peut faire appel à un prêtre orthodoxe oriental ou à un prêtre de l'Église nationale de Pologne qui se trouve dans les environs.

135. MA SŒUR, QUI EST SOURDE, VIT AVEC NOTRE FAMILLE. AUCUN DES PRÊTRES DE MA VILLE NE CONNAÎT LE LANGAGE GESTUEL. EST-CE QUE JE VIOLERAIS LE SECRET DE LA CONFESSION SI JE L'ACCOMPAGNAIS AU CONFESSIONNAL?

Non, si vous cherchez simplement à agir comme interprète entre votre sœur et le prêtre. Le canon 990 dit bien : « Nul ne sera empêché d'utiliser un interprète pour se confesser, en évitant toutefois les abus et scandales et restant sauves les dispositions du canon 983, § 2. »

Le deuxième alinéa du canon 983 oblige simplement l'interprète à garder le secret de la confession. Autrement dit, l'interprète, tout comme le prêtre, ne doit pas divulguer le contenu de la confession. Voici le texte de cet alinéa : « À l'obligation de garder le secret sont également tenus l'interprète, s'il y en a un, et aussi tous ceux qui, d'une façon ou d'une autre, ont eu, par la confession, connaissance des péchés. »

136. Ma fiancée est une catholique ukrainienne fervente. Est-ce que je peux, moi qui suis catholique latin, demander à son pasteur catholique ukrainien de recevoir le sacrement de pénitence?

Assurément. Le canon 991 établit clairement que « tout fidèle a la liberté de confesser ses péchés au confesseur régulièrement approuvé qu'il préfère, même s'il est d'un autre rite ».

Le concile Vatican II a approfondi la compréhension qu'avait l'Église de la communion entre les catholiques de différents horizons liturgiques et patrimoniaux, tels que les catholiques orientaux. Les catholiques ne sont plus tenus de recevoir les sacrements des prêtres de leur propre tradition liturgique.

Les catholiques ne sont pas tenus non plus de faire leur confession pascale auprès de leur pasteur local. De fait, un catholique peut s'approcher de n'importe quel confesseur pour recevoir le sacrement de pénitence. Comme nous l'avons déjà mentionné, un confesseur est un prêtre ou un évêque catholique à qui son supérieur ecclésiastique légitime a confié le pouvoir d'entendre des confessions. Un confesseur peut être de l'Église catholique latine, de l'Église catholique maronite, de l'Église catholique melchite ou de toute autre Église catholique orientale.

137. Notre pasteur administre souvent le sacrement de l'onction des malades à ma grand-mère, même si elle n'est pas à l'article de la mort. Est-ce qu'une telle pratique est licite?

Oui, il s'agit là d'une bonne pratique, d'une pratique licite.

Trop souvent, les catholiques se méprennent sur le sacrement de l'onction des malades. L'Église encourage les personnes qui sont sur leur lit de mort à recevoir ce sacrement, mais il ne s'agit pas exclusivement du sacrement des mourants. Le premier alinéa du canon 1004 le dit bien : « L'onction des malades peut être administrée au fidèle qui, parvenu à l'usage de la raison, commence à se trouver en danger pour cause de maladie ou de vieillesse. » Ce canon expose les exigences de la réception de ce sacrement :

- être catholique;
- avoir atteint l'âge de raison, que l'on considère accompli généralement à sept ans;
- se trouver en danger pour cause de maladie ou de vieillesse.

Il faut noter que le canon ne dit pas : *en danger de mort*. Car le but de ce sacrement est de fortifier « les fidèles dangereusement malades » (canon 998) et non pas seulement les personnes en danger de mort. Le danger auquel renvoie le canon concerne tout danger sérieux qui menace la santé.

138. Notre fils de quatre ans souffre de leucémie. Peut-il recevoir le sacrement de l'onction des malades même s'il n'a pas atteint l'âge de raison?

Le canon 1004 parle des fidèles parvenus à *l'usage de la raison*, et non pas nécessairement à *l'âge de raison* (c'est nous qui mettons ces termes en italiques). Le droit situe à sept ans l'atteinte de l'âge de raison, soit en temps canonique le jour suivant le septième anniversaire de l'enfant, mais il s'agit là simplement de l'âge auquel le droit présume qu'une personne est parvenue à l'usage de la raison.

Cependant, les canonistes reconnaissent que l'usage de la raison ne survient pas brusquement au lendemain du septième anniversaire. Il s'agit plutôt d'un processus de développement, depuis la petite enfance et durant les années qui suivent. Le développement diffère d'un enfant à l'autre. Il est donc probable qu'un enfant de quatre ans jouisse au moins d'un usage partiel de sa raison.

Prévoyant la situation difficile dans laquelle vous vous trouvez, le canon 1005 offre la solution pastorale suivante : « S'il y a doute que le malade soit parvenu à l'usage de la raison, ou que sa maladie soit dangereuse, ou qu'il soit décédé, le sacrement sera administré. »

139. Le sacrement de l'onction des malades peut-il être réitéré? Si oui, peut-il être réitéré une seule fois, ou plusieurs fois?

Le sacrement peut être donné autant de fois que nécessaire. C'est ce que dit clairement le deuxième alinéa du canon 1004 : « Ce sacrement peut être réitéré si le malade, après guérison, tombe de nouveau gravement malade, ou si, au cours de la même maladie, le danger s'aggrave. »

Le sacrement peut être réitéré si, après une rémission, la maladie réapparaît. Par exemple, une personne souffrant d'un cancer peut, avant ses traitements, demander le réconfort du sacrement de l'onction des malades. À la suite des traitements, elle bénéficie d'une rémission. Mais si le cancer se manifeste de nouveau, elle pourra demander une nouvelle fois le secours spirituel du sacrement de l'onction des malades.

Par ailleurs, le sacrement peut être réitéré si la maladie s'aggrave. Par exemple, une personne séropositive doit souvent faire face à la perspective de la mort. Chez bien des gens, un passage du VIH au sida s'opère avec le temps, avec la lente destruction du système immunitaire. Une personne peut recevoir le sacrement de l'onction des malades à chaque stade de sa maladie.

Chapitre 14

Le mariage et sa nullité

140. Comment le droit canon définit-il le mariage?

Le premier alinéa du canon 1055 énonce la définition suivante :

> L'alliance matrimoniale, par laquelle un homme et une femme constituent entre eux une communauté de toute la vie, ordonnée par son caractère naturel au bien des conjoints ainsi qu'à la génération et à l'éducation des enfants, a été élevée entre baptisés par le Christ Seigneur à la dignité de sacrement.

Tout d'abord, le mariage est une alliance. Il est, autrement dit, un pacte conclu entre les époux, par lequel ils promettent de s'aider l'un l'autre dans la réalisation d'un objectif commun. Cette alliance matrimoniale lie exclusivement un homme et une femme. L'homme et la femme établissent un partenariat entre eux pour toute la vie

— c'est-à-dire jusqu'à la mort de l'un d'eux. Cette dimension de permanence est appelée *indissolubilité*.

Par nature, le mariage est ordonné au bien des conjoints. Mari et femme promettent de s'aider et de se soutenir l'un l'autre dans tous leurs besoins physiques, psychologiques, matériels et spirituels.

Le mariage est également ordonné à la procréation et à l'éducation des enfants. Le couple doit être disposé à concevoir des enfants et à éduquer en commun les enfants qu'il aura conçus ou adoptés.

Si les deux conjoints sont baptisés, enfin, le mariage est un sacrement.

141. Quelle est la différence entre le mariage sacramentel et le mariage naturel?

La description que donne le canon 1055 définit bien le mariage naturel. Elle présente ce qui est commun à tous les mariages. Si le mari et la femme sont tous deux des chrétiens baptisés, à ce mariage naturel s'ajoute la dimension sacramentelle.

En tant que sacrement, un mariage entre deux personnes baptisées est un signe visible de l'amour de Dieu dans le monde. Le couple trouve dans sa relation une source de la grâce de Dieu et chacun des deux conjoints aide l'autre à s'approcher de Dieu dans leur vie conjugale.

Le fait même que le mari et la femme soient baptisés fait de leur mariage un sacrement. Si deux protestants baptisés se marient devant un juge de paix, leur mariage devient également un sacrement.

Par ailleurs, si deux personnes ayant contracté un mariage naturel se font baptiser, leur mariage revêt automatiquement le caractère d'un mariage sacramentel.

142. Quelle est la forme canonique du mariage?

Chez les catholiques latins, la forme canonique du mariage est l'échange de consentements matrimoniaux (les vœux de mariage) devant un témoin habilité et deux autres témoins. Le témoin habilité peut être un évêque, un prêtre, un diacre ou dans certaines circonstances un autre ministre désigné. Le témoin habilité doit avoir reçu la délégation en droit de l'évêque diocésain ou du curé propre de la paroisse où le mariage a lieu. Les deux autres témoins peuvent être deux personnes quelconques choisies par les mariés.

Chez les catholiques orientaux, le témoin habilité doit être, soit l'évêque diocésain, soit un prêtre ayant reçu une délégation. Car selon la théologie de l'Église catholique orientale, c'est la bénédiction du prêtre qui réalise le mariage.

Une personne appartenant à l'Église catholique latine peut se marier à une personne non catholique devant un ministre non catholique, pourvu qu'elle ait obtenu une dispense (exemption de la loi) à l'égard de la forme canonique du mariage auprès de l'autorité compétente de l'Église. Ce genre de dispense est exceptionnel.

143. Ma paroisse impose des frais de 500 $ pour la célébration d'un mariage. Est-ce que le curé peut exiger un tarif aussi excessif?

Les richesses spirituelles de l'Église ne peuvent être exploitées pour la réalisation d'un profit. Le droit canon établit qu'en célébrant un sacrement, un évêque, un prêtre ou un diacre ne peuvent demander rien de plus que le montant des offrandes déterminé par les évêques de leur région (canons 848 et 1264).

À une certaine époque, un prêtre diocésain n'avait que les offrandes comme moyen de subsistance. Par exemple, il percevait une allocation lorsqu'il offrait une messe aux intentions de quelqu'un. Aujourd'hui, les diocèses versent un salaire à leurs prêtres. Mais les allocations existent toujours.

Les évêques d'une région doivent convenir d'un montant d'allocation acceptable pour les sacrements ou autres actes religieux, y compris le sacrement de mariage. Pour imposer un montant supérieur à l'allocation fixée par l'évêque, une paroisse doit obtenir une autorisation. Vous pouvez vous informer du montant de l'allocation permis en appelant la chancellerie diocésaine.

La célébration des sacrements peut coûter plus cher que le montant de l'allocation. Par exemple, la célébration d'un mariage un jour d'hiver peut représenter pour une paroisse une dépense considérable en fait de chauffage, de services de concierge ou d'enlèvement de la neige. Le diocèse peut permettre dans un tel cas une augmentation du montant de l'allocation. Mais ce surplus est versé au budget de la paroisse et non au prêtre lui-même.

144. Je veux me marier dans une église historique à l'autre bout de la ville, mais le curé refuse, parce que je ne réside pas dans ce secteur. Est-ce qu'il a le droit de refuser?

Un curé est tenu seulement de célébrer le mariage de ses paroissiens. Autrement dit, une personne ne peut « magasiner une église ». Le droit canon établit que « les mariages seront célébrés dans la paroisse où l'un ou l'autre des contractants a domicile ou quasi-domicile ou résidence d'un mois » (canon 1115).

Comme nous l'avons mentionné dans notre réponse à la question 48, au chapitre 6, chaque personne catholique dans le monde appartient à la paroisse où elle réside. Même si une personne catholique s'inscrit dans une paroisse, elle ne possède pas un droit à recevoir les sacrements dans cette paroisse.

La distinction qu'opère ce canon entre le « domicile » et le « quasi-domicile » est plus simple qu'elle ne paraît. Le *domicile* désigne le lieu de résidence où vit une personne depuis au moins cinq ans ou le lieu où elle s'est installée récemment avec l'intention de l'habiter indéfiniment. Le *quasi-domicile* désigne un endroit où une personne réside pour au moins trois mois. Enfin, le droit canon prévoit une autre période d'habitation qui donne droit à un mariage dans une paroisse donnée, soit une « résidence d'un mois ».

Cela peut paraître choquant, mais le curé de la paroisse dotée de cette église historique a tout à fait le droit de refuser la permission de se marier dans cette paroisse aux personnes qui n'en font pas partie. Mieux vaut vous adresser à votre propre paroisse.

145. Qu'est-ce qu'une déclaration de nullité de mariage?

Le canon 1060 établit que : « Le mariage jouit de la faveur du droit; c'est pourquoi, en cas de doute, il faut tenir le mariage pour valide, jusqu'à preuve du contraire. »

Si chacun des deux conjoints s'est engagé librement — ce qui veut dire que chacun d'eux avait l'âge canonique et n'était pas lié par d'autres vœux ou promesses religieuses — l'Église présume automatiquement que le mariage est valide. Voilà ce que signifie l'expression « le mariage jouit de la faveur du droit ». Une personne divorcée n'est pas libre de contracter un autre mariage dans l'Église catholique tant que son conjoint ou sa conjointe du mariage précédent vit encore.

La démarche pour obtenir la nullité d'un mariage est un processus judiciaire où l'Église examine la présomption de validité d'un mariage particulier. L'Église examine l'historique de la relation du couple, pour voir si des problèmes se sont présentés qui auraient pu empêcher le mariage de se réaliser dès le départ. Si elle recueille des éléments de preuve suffisant à fonder une certitude morale, elle peut renverser la présomption de validité. L'Église émet alors une déclaration de nullité, autrement dit elle juge que ledit mariage est nul depuis le début, et les personnes en cause sont déclarées libres de se marier.

146. Pouvez-vous mentionner quelques-unes des raisons justifiant une déclaration de nullité?

Le *Code de Droit canonique* énumère plusieurs motifs de déclaration de non-validité. En Amérique du Nord, les deux motifs les plus souvent invoqués concernent la maturité psychologique de l'un des deux conjoints au moment du mariage et l'intention qui animait le désir du mariage.

Les canonistes désignent le premier motif comme « un grave défaut de discernement ». Le deuxième alinéa du canon 1095 énonce ce motif. Quand il instruit une cause fondée sur ce motif, le tribunal examine la maturité psychologique et le jugement manifesté dans la vie courante par la personne, à l'époque de son mariage. Était-elle bien préparée à ce mariage? Connaissait-elle bien son futur conjoint ou sa future conjointe? A-t-elle décidé librement de se marier, ou a-t-elle cédé à de fortes pressions? Par exemple, bon nombre de couples se dépêchent de se marier quand la jeune fille devient enceinte. L'autre motif de nullité évoqué souvent en Amérique du Nord est ce qu'on appelle « la simulation ». La simulation, dont traite le deuxième alinéa du canon 1101, concerne l'intention d'une personne au moment du mariage. Il peut s'agir d'une simulation totale — la personne pose tous les gestes, prononce les paroles prévues pendant la cérémonie, mais en vérité elle ne veut pas se marier. Mais plus souvent la simulation est partielle : la personne exclut dans son esprit une dimension essentielle du mariage, telle que la fidélité ou la perspective d'avoir des enfants.

Les canonistes peuvent avoir recours à d'autres motifs. Si vous envisagez une déclaration de nullité de mariage, il vaut mieux ne pas chercher à discerner vous-mêmes les motifs pouvant être invoqués. Il vaut mieux vous adresser à votre curé ou au tribunal ecclésiastique de votre diocèse.

147. Les personnes qui ont obtenu une déclaration de nullité de leur mariage dans l'Église catholique sont-elles des divorcés?

Non. L'invalidité d'un mariage prononcée par l'Église catholique, que l'on appelle aussi déclaration de nullité ou de non-validité, est un énoncé de fait de l'Église. Après avoir examiné attentivement la relation brisée d'un couple, l'Église déclare que n'a jamais existé un mariage valide, selon la définition qu'elle donne au mariage.

Une telle déclaration n'est pas un « divorce catholique » puisque le divorce met fin à un mariage qui a existé. Une déclaration de nullité établit plutôt que depuis le tout début, il manquait un élément nécessaire à un véritable mariage.

L'Église reconnaît, certes, que le couple avait au départ une forme de relation. Dans les pays où les autorités civiles régissent également le mariage, l'Église convient que la relation a été reconnue comme un mariage par le droit séculier. Si au moins un des deux conjoints a tenté de bonne foi de contracter un mariage qui n'est pas devenu un mariage valide, l'Église parle alors d'un « mariage putatif ».

148. Pourquoi ai-je besoin d'une déclaration de nullité si je ne suis pas catholique?

Il arrive souvent qu'une personne non catholique divorcée désirant marier une personne catholique doive d'abord se soumettre à une telle démarche. Les non-catholiques trouvent cette procédure étrange, surtout si aucun des deux conjoints du premier mariage n'était baptisé ou admis dans l'Église catholique. Néanmoins, l'Église catholique présume que tout mariage contracté entre deux personnes libres est valide. Par conséquent, si deux personnes non catholiques se marient au cours d'une cérémonie civile ou religieuse reconnue par l'État, l'Église catholique doit elle aussi présumer que ce mariage est valide.

L'Église catholique croit que son enseignement concernant l'indissolubilité du mariage s'inscrit dans la loi divine naturelle. Cet enseignement lie donc toute personne, catholique ou non.

L'Église ne peut permettre à une personne catholique de marier une personne qui est liée par un mariage précédent.

Si une personne divorcée non catholique désire épouser une personne catholique, l'Église catholique doit examiner le premier mariage pour voir si elle peut renverser la présomption de validité de ce mariage. Il faut que le premier mariage soit déclaré nul pour qu'une personne divorcée non catholique puisse épouser une personne catholique.

149. Y a-t-il d'autres façons de mettre fin à un mariage, à part une demande de déclaration de nullité?

Oui. Dans certaines circonstances, un mariage peut être dissout pour permettre un nouveau mariage. Une dissolution diffère de la déclaration de nullité : la dissolution reconnaît l'existence du premier mariage, tandis que la déclaration de nullité établit que le premier mariage n'a jamais existé. L'application d'une dissolution est limitée, puisqu'un mariage sacramentel ne peut être dissout une fois qu'il a été consommé.

Cela dit, si l'un des conjoints n'était pas baptisé pendant le premier mariage, et que cette absence de baptême peut être prouvée, alors le mariage n'était pas un mariage sacramentel. On peut alors envoyer au Saint-Siège un dossier désigné « privilège de la foi ». Si les deux parties étaient baptisées, mais que le mariage n'a jamais été consommé, on enverra au Saint-Siège un dossier désigné « privilège pétrinien ».

Dans l'un ou l'autre cas, la personne qui demande une dissolution ne peut avoir été la cause de la rupture du mariage. Si le Saint-Siège donne son approbation, le mariage non sacramentel peut être dissout en faveur d'un mariage sacramentel.

Dans une autre situation assez répandue, aucun des conjoints n'était baptisé avant le mariage, et l'un d'eux veut maintenant être baptisé et marier une personne catholique. Si on peut prouver qu'aucun des deux conjoints du premier mariage n'était baptisé, il est possible d'accorder un « privilège paulin ». Dans un tel cas, l'évêque diocésain autorise la dissolution de l'union non sacramentelle en faveur du nouveau mariage. Bien sûr, la personne qui désire le baptême doit être baptisée avant de contracter le nouveau mariage.

150. Si mon mariage est déclaré nul, est-ce que mes enfants seront considérés comme illégitimes?

La loi de l'Église établit clairement que les enfants nés d'un mariage contracté « de bonne foi » ne sauraient être considérés comme illégitimes (canon 1137). L'expression *de bonne foi* signifie qu'au moment du mariage un des conjoints, ou les deux, croyait qu'il contractait un mariage. Cela reste vrai même si, plus tard, le mariage est déclaré nul (c'est-à-dire non valide selon la loi de l'Église).

La loi de l'Église fait tout de même référence à la légitimité des enfants. Les enfants nés dans une famille monoparentale ou dans une union civile non reconnue par l'Église sont considérés comme illégitimes. Il faut noter que la loi de l'Église ne crée aucun obstacle pour un enfant né hors du mariage. Même si notre culture occidentale a employé le terme *illégitime* d'une manière dérogatoire, ces enfants ont droit aux sacrements, à la catéchèse et à tout le respect dû aux enfants de Dieu.

Table des matières